Ion Găină

The Word (The ABC of the Young Creator)

Cuvântul (ABC-ul tânărului creator)

Edited and translated by Olga Amarie and Rosemary Lloyd

UNIVERSITY PRESS
OF THE SOUTH

2021

Published in the United States by The University Press of the South. Printed in France by Monbeaulivre.fr

E-mails: unprsouth@aol.com; universitypresssouth@gmail.com

Visit our award-winning web pages: www.unprsouth.com

www.punouveaumonde.com

Ion Găină.

The Word (ABC of the Young Creator).

Second Edition. English.

xvi + 333 pages.

Cover Art Photo by Ion Găină. Reproduced with Permission.

1. Romanian Literature. 2. Poetry. 3. Drawings. 4. Alphabet. 5. Teaching. 6. Creative Writing. 7. The Word (ABC of the Young Creator). 8. Olga Amarie. 9. Rosemary Lloyd. 10. Ion Găină.

ISBN: 978-1-937030-07-0 (First Edition, USA, 2011)

ISBN: 978-1-952799-28-0 (Second Edition, Europe, 2021)

Where the *Word* and the *Book* prevail
There the *grave* and *Death* must fail!

STATE OF MIND
(by Ion Găină)

There are days
when I feel that
all my being
is Sky.

There are days
when I feel that
all my being
is Earth.

But I, between
the Sky and the Earth
of this Passage,
remain
the Word.

Listen to me!

STARE
(de Ion Găină)

Sunt zile
când simt
că toată fiinţa
mi-i Cer.

Sunt zile
când simt
că toată fiinţa
mi-i Pământ.

Iar eu, între
Cerul şi Pământul
acestei Treceri,
Cuvânt
rămân.

Ascultaţi-mă!

Ce poate *Cuvântul* și *Cartea* nu poate *mormântul* și *Moartea*!

ACKNOWLEDGMENTS

We are very grateful to Indiana University in Bloomington for their financial support. The author expresses his sincere appreciation for the professional and dedicated work of Olga Amarie and Rosemary Helen Lloyd. It is also a pleasure to acknowledge the contribution of Dragoş Amarie whose attention to detail in the preparation of this work did much to enhance the quality of this book. Special thanks go to all those who participated in this project.

Reviewers: Grigore Vieru, Maria Buruiană, Ion Negură, Ion Borşevici, Alexei Colâbneac.

MULŢUMIRI

Suntem foarte recunoscători Universităţii Indiana din Bloomington pentru ajutorul financiar acordat. Autorul aduce sincere mulţumiri pentru profesionalismul şi efortul depus de Olga Amarie şi Rosemary Helen Lloyd. Deasemeni, este o plăcere să menţionăm contribuţia lui Dragoş Amarie, a cărui atenţie la detaliu a îmbunătăţit semnificativ calitatea acestei lucrări. Mulţumiri speciale tuturor celor care au participat la acest proiect.

Recenzenţi: Grigore Vieru, Maria Buruiană, Ion Negură, Ion Borşevici, Alexei Colâbneac.

I dedicate this book to my parents Vasile Găină and Vera Găină (Buzilă), as well as to my Spiritual Father Alexei Mateevici

Închin această carte părinţilor mei Vasile Găină şi Vera Găină (Buzilă), precum şi Părintelui meu spiritual Alexei Mateevici

TABLE OF CONTENTS

CUPRINS

LEGEND:

N.B.! (*Nota bene!*) – Homework
❋ – Class activity
* – The words marked in *italics* should be considered as independent creation themes

LEGENDĂ:

N.B.! (*Nota Bene!*) – Temă pentru acasă

❋ – Activitate în clasă

* – Cuvintele scrise cursiv se vor considera drept teme de creaţie independente

PREFACE

WORSHIP OF THE WORD

This manual and guide for the creative writing classes, or the young creator's ABC, is the result of my experiments in writing and teaching. It seeks to contribute to the development of students' creative imagination and their artistic way of thinking. Those exercises involving the imagination that we have included here are merely simple tests intended to unleash the students's creative thinking, giving them the opportunity to discover the values and essences that surround us, and the opportunity to become familiar with the charm and the hidden meanings of words.

As we know, the artistic way of thinking represents one of the modes through which we discover nuances, meanings and new depths; it penetrates the mystery of things not yet known to us. *The Word* course seeks to reinforce this knowledge and teach our young creators how to admire and respect the greatness of the word *fortress*, the generosity of the word *wellspring*, the dignity of the word *bell*, the abundance of the word *torch*, the meanings of the words *light, tear, arrow*, to teach them, specifically, "the languages that do not exist" (Stanislaw Lec).

This work offers those who are passionate about the word suggestions about how to keep the reserve of light that our ancestors bequeathed us, how to rediscover the highest values of humanity, subscribing to the great idea of passing from the mechanistic way of education to the school of creation, which opens new paths of communication with the universe, of founding – in the loneliness of the world – "the cosmos of the room" (Valeriu Anania).

The classes included in *The Word* aim to contribute to the formation and the development of creative abilities. Teaching our young people how to hold a dialogue with the leaf that falls in autumn, how to converse with the winter snow flakes or the blade of grass will bring us to the making of dictionaries of symbols, to the discovery of the bud opening. Teaching them how to wield the

PREFAȚĂ

ÎNCHINARE CUVÂNTULUI

Acest manual şi ghid pentru orele de *Cuvânt* sau ABC-ul tânărului creator, este un rezultat al experimentelor pedagogice şi literare. Prezenta carte şi-a propus să contribuie la dezvoltarea imaginaţiei creatoare şi a gândirii artistice a elevilor şi studenţilor. Exerciţiile de imaginaţie incluse aici sunt nişte probe, menite să descătuşeze gândirea tânărului creator, oferindu-i posibilitatea să descopere valorile şi esenţele ce dăinuie în preajmă, să cunoască vraja şi sensurile tăinuite ale cuvintelor.

După cum se ştie, gândirea artistică reprezintă una din modalităţile prin care omul descoperă nuanţe, sensuri şi profunzimi noi, pătrunde în taina lucrurilor încă necunoscute lui. Orele de *Cuvânt* vin să întărească această convingere şi să înveţe tinerii a admira şi respecta măreţia cuvântului – cetate, generozitatea cuvântului – izvor, demnitatea cuvântului – clopot, dărnicia cuvântului – făclie, semnificaţiile cuvintelor lumină, lacrimă, săgeată, să-i înveţe, adică, "limbile care nu există" (Stanislaw Lec).

Lucrarea oferă celor împătimiţi de cuvânt sugestii despre aceea cum să păstreze rezerva de lumină, lăsată moştenire de strămoşii noştri, cum să redescopere cele mai de preţ valori ale umanităţii, subscriind la fericita idee de a trece de la modul mecanicist de instruire la şcoala creaţiei, care deschide drumuri inedite de comunicare cu universul, de făurire – în singurătatea lumii" – a "cosmosului odăii" (Valeriu Anania).

Întâlnirile în cadrul orei de creaţie *Cuvântul* îşi propun să contribuie la formarea şi dezvoltarea aptitudinilor creatoare. Învăţând tinerii creatori să dialogheze cu frunza ce cade toamna, să converseze cu fulgii iernii sau cu firul de iarbă, se va ajunge apoi la alcătuirea mugurelui. Învăţându-i să mânuiască Pana Inspiraţiei, se va purcede la însăilarea noilor poveşti, a jurnalelor literare şi notelor de călătorie imaginară, la consfinţirea cuvintelor, plasarea lor în Catedrala de Cuvinte, în care mai stau ascunse misterele poeziei lumânărilor, autografele frunzelor, zborul clipelor

Inspiration Feather, we will proceed to the improvisation of new tales, literary journals and notes about an imaginary trip, to the sanctioning of words, to get them in the Cathedral of Words, in which are still hidden the mysteries of the poem of candles, the autographs of leaves, the flight of talking moments. One of the desiderata of *The Word* course remains, therefore, the principle: "Originality of thought implies originality of action".

This book includes many suspension points, which naturally ask us to continue and to return, to take up thoughts and artistic situations already enunciated, to rediscover the world and the personal I. For, isolating themselves in the small room of their souls, the reader will be able to think more profoundly and remarkably, while the suspension points, touching the lines and the circles of the graphic poems, will succeed in tracing the unusual destiny of the creator.

Who could become (but also remain) a friend of the course *The Word*? Naturally only those obsessed with the word, those capable of penetrating the meaning of those words that give rise to a personality: Mother, Father, Language, Country, Ancestors, Memory, Love – things of great value placed piously on the iconostasis [1]of the Cathedral of Words[2]; the student addicted to folklore, mythology, ancient culture and literature, desirous to leaf through dictionaries of symbols; the one who is accustomed to read with a pencil in hand, eager for knowledge and purification through the word and the art.

In *The Word* we insist on fundamental images and notions, chosen for their beauty and intentionally transformed into the cornerstone and essence of the book. The Mountain, the Time, the Light, the Tree, the Leaf, the Bird, the Earth, the Sun draw together the permanent meanings of life, existence and eternity.

Placed in alphabetical order, the Letter-Poems [3] form a bridge leading to the road you follow on your quest for images and creative dimensions, the road of quests for oneself. They have the

---

[1] In Orthodox Churches, the iconostasis is the separating wall decorated with icons between the altar and the rest of the church.

[2] See the *Cathedral of Words* in Annexes

[3] The graphical poems are drawn by the author, unless otherwise specified.

vorbitoare, unul dintre dezideratele cursului "Cuvântul" rămânând, aşadar, principiul: "Originalitatea de gândire presupune originalitate de acţiune".

Lucrarea conţine mai multe puncte de suspensie, care, fireşte, cer o contrinuare şi o revenire, o reluare a gândurilor şi situaţiilor artistice deja enunţate, o redescoperire a lumii şi a propriului Eu. Căci, izolându-se în chilioara sufletului său, tânărul va putea gândi mai profund şi neobosit, iar punctele de suspensie, atingând liniile şi cercurile poemelor grafice, vor putea contura neobişnuitul destin al creatorului.

Cine ar putea deveni (dar şi rămâne) prietenul cursului "Cuvântul"? Firesc lucru – doar cei împătimiţi de cuvânt, cei capabili să pătrundă sensul cuvintelor de la care porneşte o personalitate: Mama, Tata, Limba, Ţara, Strămoşii, Memoria, Dragostea – podoabe aşezate evlavios pe catapeteasma Catedralei de Cuvinte[4]; elevul şi studentul împătimit de folclor, mitologie, cultură şi literatură antică, dornic să răsfoiască dicţionarele de simboluri, cel care obişnuieşte să lectureze cu creionul în mână, setos de cunoaştere şi de purificare prin cuvânt şi artă.

În carte se insistă asupra imaginilor şi noţiunilor fundamentale, alese în mod deosebit şi intenţionat transformate în temelie, în esenţă a lucrării. Muntele, Timpul, Lumina, Arborele, Frunza, Pasărea, Pământul, Soarele adună în pagini permanentele sensuri ale vieţii, existenţei şi veşniciei.

Aşezate în ordine alfabetică, LITERELE – POEME sunt o punte de trecere spre drumul căutărilor de imagini şi dimensiuni creatoare, spre drumul căutărilor de sine. Ele au puterea să convingă pe orice tânăr creator că alfabetul propus în carte nu este doar un sistem de semne ci, de fapt, exprimă largheţea şi profunzimea creatoare, gândirea împlinită şi completată cu frumuseţea imaginilor artistice. Revenirea la formula alfabetului semnifică revenirea la esenţe, încercarea de a contempla undele spaţiale şi simbolurile după care e ascunsă imaginea.

Cel mai important moment, propus de cursul "Cuvântul", este Momentul Revelaţiei şi al libertăţii de creaţie. Orele de "Cuvânt", numite şi "întâlniri", constau din mai multe etape-clipe: Clipa purificării prin vers sau cântec, Clipa demnităţii, Clipa

---

[4] Vezi *Catedrala de Civinte* la Anexe.

power to convince any young creator that the alphabet proposed in this book is not only a system of signs, but actually expresses creative generosity and profundity, the full thought completed by the beauty of artistic images.

The most important moments proposed by *The Word* are those connected with Revelation and the freedom of creation. *The Word* classes, also called "meetings", consist of many moments: the Moment of purification through verse and song, the Moment of dignity, the Moment of recovery of values *etc*. Each Moment has its own coat of arms – an emblem which expresses graphically the moment of artistic realization. The lesson starts and finishes with special forms of greeting and farewell.

Specifically destined for the best and most intellectual of students, *The Word* –the young creator's ABC– sets out to stimulate creative freedom and is, perhaps, one of the essential readings for the family, a guide-book for creative reunions (literary circles, artistic studios *etc*.), it is a book for all ages.

Ion Găină

reabilitării valorilor *etc*. Fiecare Clipă îşi are blazonul său – o emblemă care exprimă grafic momentul realizării artistice. Lecţia începe şi se termină cu formule speciale de salut.

Destinat, de fapt, elitei intelectuale a elevilor şi studenţilor, "Cuvântul" – Abecedar al tânărului creator – e lucrarea care vine să îndemne la libertatea creaţiei şi e, posibil, una din cărţile importante ale familiei, un îndrumar pentru reuniunile de creaţie (cenacluri literare, studiouri artistice *etc*.), o carte pentru toate vârstele.

Ion Găină

THE WORD (THE ABC OF THE YOUNG CREATOR)

CUVÂNTUL (ABC-UL TÂNĂRULUI CREATOR)

FORM OF GREETING FOR *THE WORD* CLASS

The teacher: Storms pass by
And black earthquakes pass away,
The pupils: But who remains here,
Under the walnut tree…?

The teacher: Foreign armies appear again
And the ancient boundary weeps bitterly,
The pupils: But who remains in this place,
Under the oak tree…?

The teacher: False churches collapse on the paving
And all things around are gift and affliction,
The pupils: But who remains here,
Under the locust tree…?

The teacher: Dear one, why is there betrayal in the world,
What do those two sparks lack?
The pupils: But who remains here
Under the linden tree…?

FORMULĂ DE SALUT LA ORA *CUVÂNTUL*

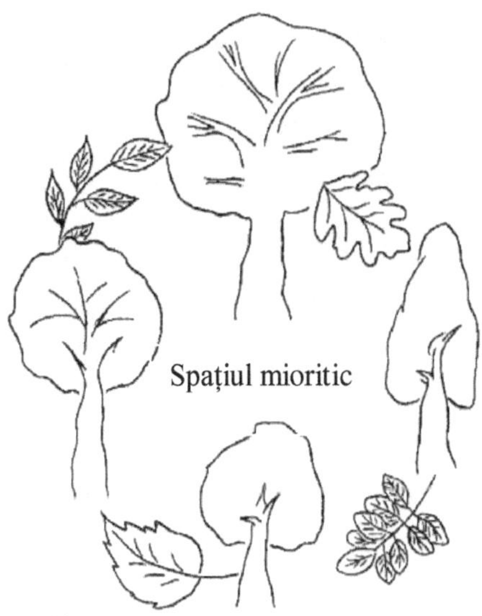

Profesorul: Furtunile trec
Şi cutremure negre se duc,
Elevii: Dar cine rămâne aicea,
Sub nuc...?

Profesorul: Oşti străine iarăşi apar
Şi plânge de jale străbunul hotar;
Elevii: Dar cine rămâne pe loc,
Sub stejar...?

Profesorul: Cad false biserici pe caldarâm
Şi toate în juru-ţi sunt dar şi un chin,
Elevii: Dar cine rămâne aici,
Sub salcâm...?

Profesorul: Iubito, trădare pe lume de ce-i,
Ce nu le-ajunge celor două scântei?
Elevii: Dar cine rămâne aicea,
Sub tei...?

THE POEMS OF THE LETTERS A-Z

POEMELE LITERELOR A-Z

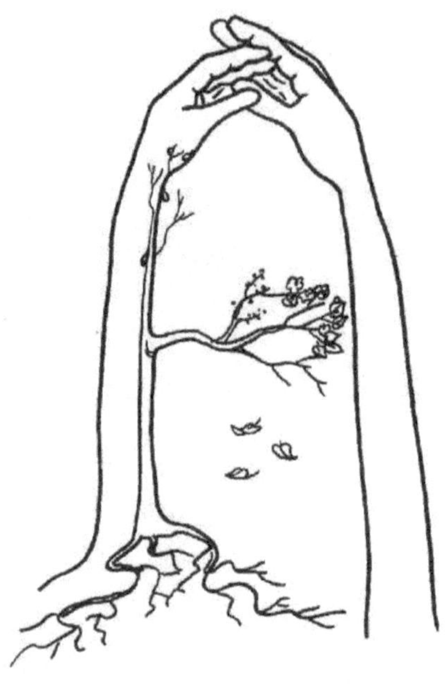

❋

If you were to open the *ABC of Time*, what would you like to read on *the Page of the Day*, *the Page of the Night*, *the Page of Past Ages* or *the Page of the Present Second etc.*?

N.B.!

(*Nota bene!*) Note well!

1. About the tree with its roots in space I would say …
2. About the arms with roots I would write …

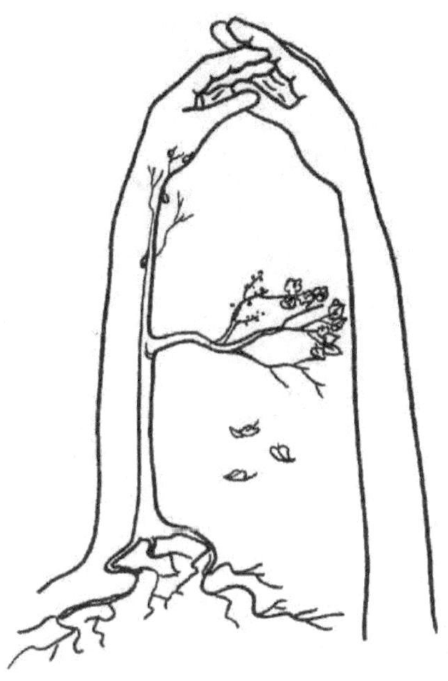

⁂

Dacă ai deschide *Abecedarul Timpului*, ce-ai vrea să citeşti în *Pagina Zilei*, în *Pagina Nopţii*, în *Pagina Vremilor Apuse* sau în *Pagina Secundei Azi etc.*?

N.B.!

1. Despre lacrima cu rădăcinile în spaţiu aş spune...
2. Despre braţele cu rădăcini aş scrie...

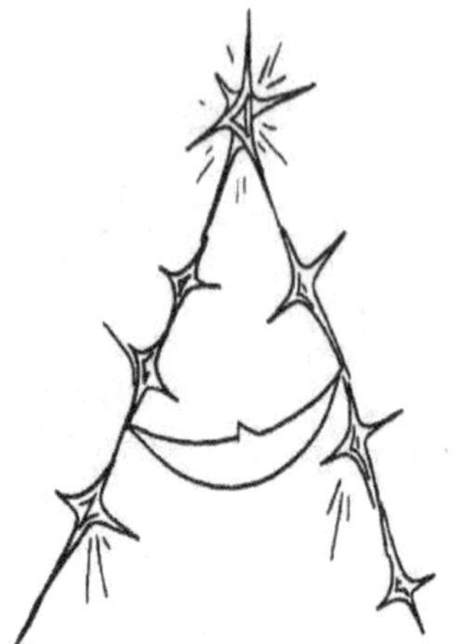

❋

But what is written in:
a) – the ABC of the stars,
b) – the ABC of the roads,
c) – the ABC of the grass,
d) – the ABC of the flowers,
e) – the ABC of the trees,
f) – the ABC of the rainbow,
g) – the ABC of the waters,
h) – the ABC of the birds,
i) – the ABC of the gates,
k) – the ABC of the springs,
l) – the ABC of the clouds *etc*.?

❋

Dar ce e scris oare în:
a) – ABC-ul stelelor,
b) – ABC- ul drumurilor,
c) – ABC-ul ierbii,
d) – ABC-ul florilor,
e) – ABC-ul pomilor,
f) – ABC-ul curcubeului,
g) – ABC-ul apelor,
h) – ABC-ul păsărilor,
i) – ABC-ul porţilor,
î) – ABC-ul izvoarelor,
j) – ABC-ul norilor *etc.*?

The Friday Person

❋

Taking into account the meanings associated with Friday, (see Man's Life – A Week), explain why the image of the *Friday Person* we see gathered together:

the star,
the leaf,
the flame,
the bell,
the dome
the cathedral,
the roots …

Omul de Vineri

❋

Ţinând cont de semnificaţiile zilei de vineri (vezi Viaţa omului – o săptămână), explicaţi de ce pe chipul *Omului de Vineri* s-au adunat:

steaua,
frunza,
flacăra,
clopotul,
cupola,
catedrala,
rădăcinile...

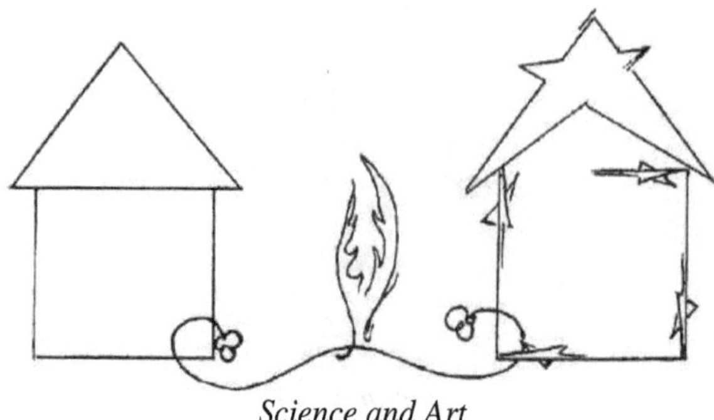

Science and Art

a) Using the image above, talk about science and art.
b) Propose a different graphical interpretation of these notions.

N.B.!
a) If you had magic power and you could enter the *Time Fortress,* what secrets would you like to discover in it?
b) The entrance to the Fortress looks like an amphora, an eye, an egg, it is triangular, it has the shape of an arch of triumph …
c) From what other shapes could you "build" this entrance?

Ştiinţă şi Artă

a) Vorbiţi despre ştiinţă şi artă, folosind imaginea de mai sus.
b) Propuneţi o altă interpretare grafică a acestor noţiuni.

N.B.!
a) Dacă ai avea putere magică şi ai intra în *Cetatea Timpului*, ce taine ai vrea să descoperi în ea?
b) Intrarea în Cetate seamănă cu o amforă, cu un ochi, cu un ou, e triunghiulară, are forma unui acr de triumf...
c) Din ce forme aţi mai puta "zidi" această intrare?

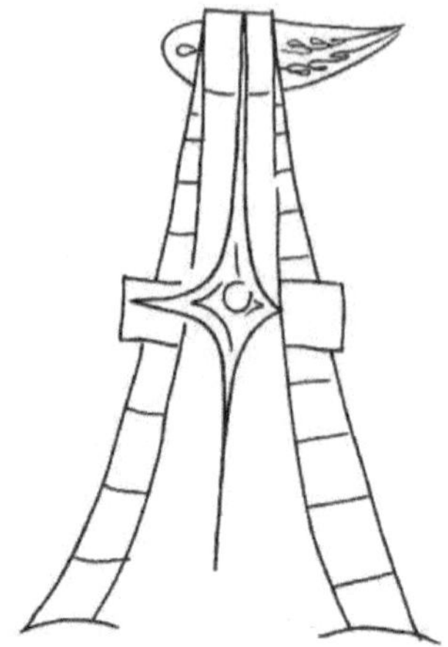

❋
Ascending *the Steps of the Day* and *of the Night*, the Star of my thought touched its forehead against the aura of the first word Mo-o-o-ther![5]

N.B.!
1. Place on these steps symbols that could represent inspired moments.
2. Write down words which you pronounce with love and sincerity and which you think may wear on their brow a special halo.
Try to represent graphically the Word and its halo.

---

[5] The letter "ă" in the Romanian language is a mid central unrounded vowel sound pronounced /ə/.

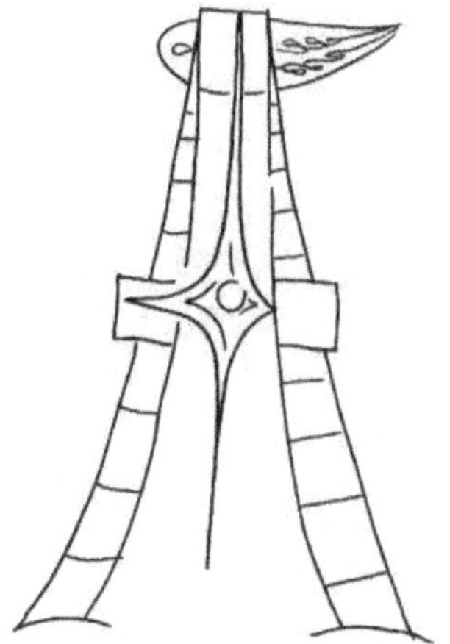

❋

Urcând *Treptele Zilei* şi *ale Nopţii*, Steaua gândului meu şi-a atins fruntea de aura primului cuvânt Ma-mă-ă-ă!

N.B.!
1. Plasaţi pe aceste trepte simboluri care ar putea reprezenta clipe inspirate.
2. Scrieţi cuvinte ce le pronunţaţi cu dragoste şi sinceritate şi care credeţi că ar purta pe creştet un nimb aparte.
Încercaţi să reprezentaţi grafic Cuvântul şi nimbul său.

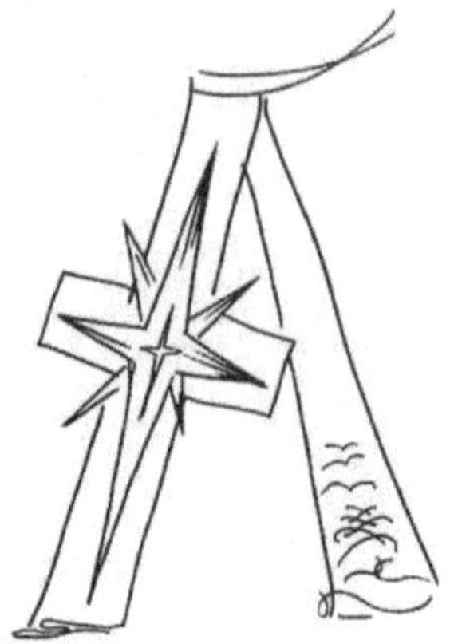

✵

I saw a crucified star. It was the *Moment of the Day* that I had just lived… It reproached me with its gaze…

1. Silently, I ascended the birds of my thought using the path which could let me encounter a star beam and…
2. Waves of regret rushed over the path of my thought…

N.B.!
1. Do your best to express (in written form) the destiny of the star.
2. A tear of rain told me that it saw *the House of the Vowels…*
a) How do you imagine *the House of the Vowels*?
b) What is it that the star from the house window sings about?

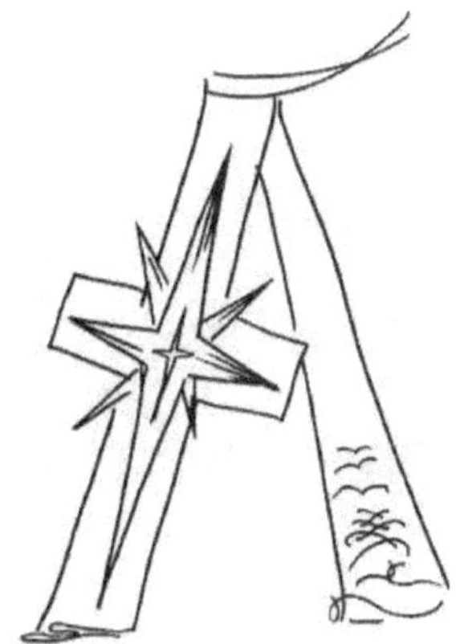

❋

Am văzut o stea răstignită. Era *Clipa Zilei* ce-am trăit-o... Mi-a reproşat cu privirea...

1. Tăcut, am urcat păsările gândului meu pe drumul ce se poate întâlni cu o rază de stea şi...
2. Valuri de regrete au năvălit pe cărarea gândului meu...

N.B.!
1. Străduiţi-vă să redaţi (în scris) destinul stelei.
2. O lacrimă de ploaie mi-a spus că a văzut *Casa Vocalelor*...
a) Cim îţi imaginezi *Casa Vocalelor*?
b) Despre ce cântă steaua din fereastra casei?

❋

There are *Thoughts that fall up in the sky...*

There are some which the earth swallows…

N.B.!

a) Imagine what you would do with each of them if you were destined to feel their *Touch*.

b) Maybe these leaves are steps for words?

c) Maybe they are moments from the *Time Tree*?...

d) Or it is the *Song of Light and Darkness*?...

❋

Sunt *Gânduri care cad în sus...*

Sunt şi dintre acelea pe care le înghite pământul...

N.B.!

a) Imaginează-ţi ce-ai face cu fiecare dintre ele când îţi va fi dat să le simţi *Atingerea*?

b) Poate aceste frunze sunt paşii cuvintelor?

c) Poate sunt clipe din *Arborele Timpului*?...

d) Sau e *Cântecul Luminii şi al Întunericului*?...

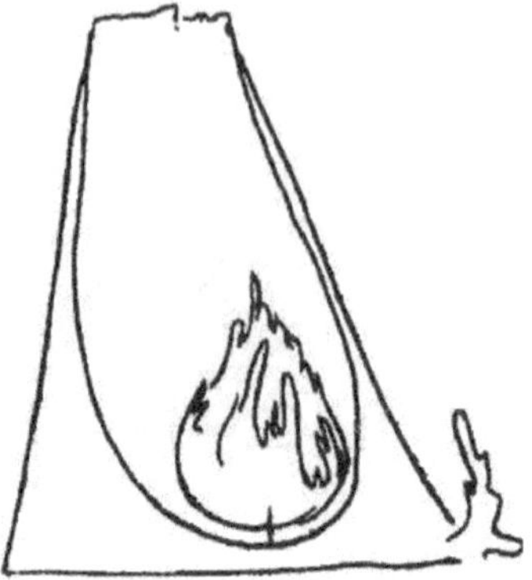

The Call of the Heights

❋

1. In the dwelling of this pyramid with its blunted summit you can see the trace … (whose trace?)

a) The appearance of the one who kept the whole fire of thought emerged on the surface.
b) Being wide, the pyramid buds in a corner. Why?
c) The heart of the fire tells us…

N.B.!
1. I changed myself into a star and I went up to *the Ship of Truth*. I was looking down on earth and I saw how …
2. How will you prepare yourself to enter the *Truth Age* (which can last a day, an hour…), if…
3. I saw how the soldiers from the *Fortress of Truth* …

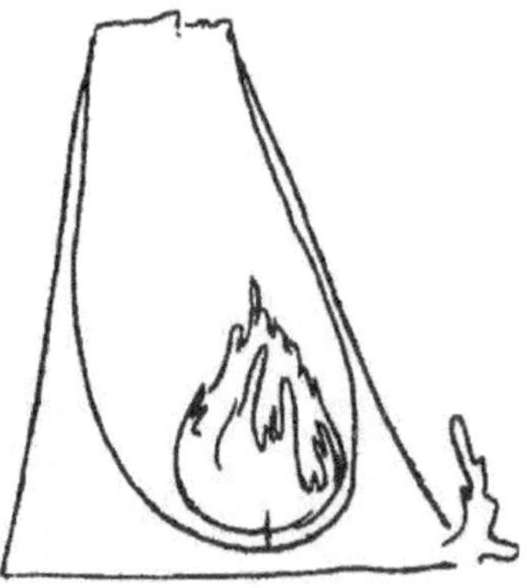

Chemarea Înălţimilor

❋

1.În locaşul acestei piramide cu vârf tocit se vede urma ... (cui?).

a) La suprafaţă a străbătut chipul celui ce-a păstrat întreg focul gândirii.
b) Iată, piramida înmugureşte într-un colţ. De ce?
c) Inima focului ne spune...

N.B.!
1. M-am preschimbat în stea şi m-am urcat în *Corabia Adevărului*. Mă uitam pe pământ şi vedeam cum...
2. Cum te vei pregăti să intri în *Epoca Adevărului* (ea poate dura o zi, o oră...), dacă...
3. Am văzut cum oştenii din *Cetatea Adevărului*...

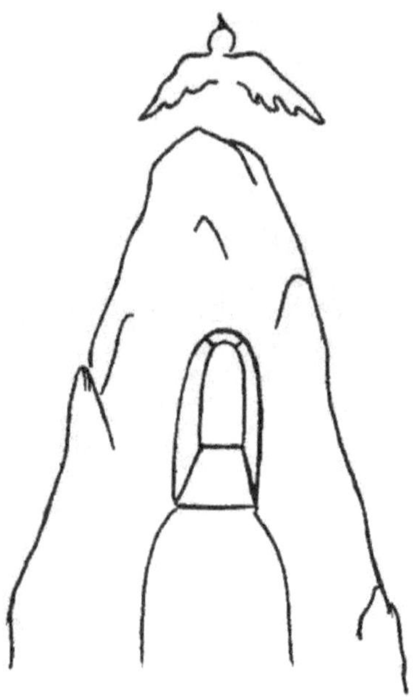

❋

1. Interpret the multiple significance of the entrance in the *Mountain* …[6]

a) If this is the entrance to the Fortress of Time, how many rooms are there? Describe room number seven, and how room number twelve is decorated …
b) What does the Bird (the Poet, You) which reached the peak of the mountain sing about?
c) Describe an event "seen" at the mountain pass.
d) Place this mountain in the chain of mountains called *The Dignity Mountains*.

[6] The letter "â" in the Romanian language is a close central unrounded vowel sound pronounced /ɨ/.

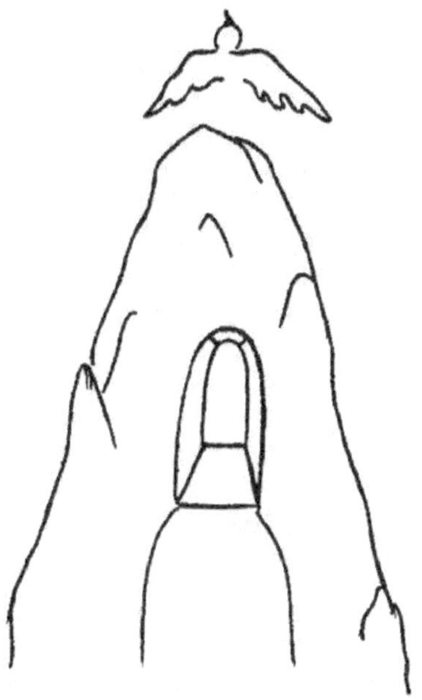

❋

1. Descifraţi semnificaţiile intrării în *Muntele*...

a) Dar dacă aceasta e intrarea în *Cetatea Timpului*, câte săli are? Descrie cum e împodobită sala a şaptea, a douăsprezecea...
b) Ce cântă Pasărea (Poetul, Tu) ajunsă în vârful muntelui?
c) Povesteşte o întâmplare "văzută" la trecătoarea dintre munţi.
d) Plasează acest munte în lanţul de munţi numit *Demnitatea*.

❋

a) *The Star's Thought* travels the world. It reached me and …
b) On the cloud's page the *Star of Truth* wrote…
c) On yesterday's page my star drew …

N.B.!
1. How do the heights seduce us?
2. From what rocks (values) are "the mountains of the Latin world" created (by Grigore Vieru)?
3. Indicate the name of your favorite writer to continue the following ideas:

… He/She raised him/herself through the Word
And lived on beyond the grave…
… He/she raised him/herself … and …

4. *The wings of the Heights* gather secrets and send them through the star beams …

❋

a) Gândul Stelei păşeşte prin lume. A ajuns la mine şi...
b) Pe foaia norului Steaua Adevărului a scris...
c) Pe fila zilei de ieri steaua mea a desenat...

N.B.!
1. Cu ce ne ademenesc înălţimele?
2. Din ce roci (valori) sunt creaţi "munţii latiniei" (de GrigoreVieru)?
3. Indică numele scriitorului tău preferat ca să continui.

... Înălţatu-s-a prin Cuvânt
Şi-a rămas să dăinuie
Pân'dincolo de mormânt...
... Înălţatu-s-a ... şi...

4. *Aripile Înălţimilor* adună taine şi prin razele stelelor le trimit...

❋

The drawing on this page suggests to us the theme of *The Soul and the World.* Interpret the image, giving it a new title.

a) What can you say about the universe of your soul?
b) Whom would you allow to enter this universe?
c) How would you define the space of your soul?
d) What are its main colors?
e) What if this were the dwelling of a Word?..

❋

Desenul din pagină ne sugerează tema *Sufletul şi lumea*. Interpretaţi imaginea, dându-i şi o nouă denumire.

a) Ce poţi spune despre universul sufletului tău?
b) Cui i-ai permite să intre în acest univers?
c) Cum ai putea să defineşti spaţiul sufletului tău?
d) De ce culori este dominat?
e) Dar dacă acesta e locaşul unui Cuvânt?..

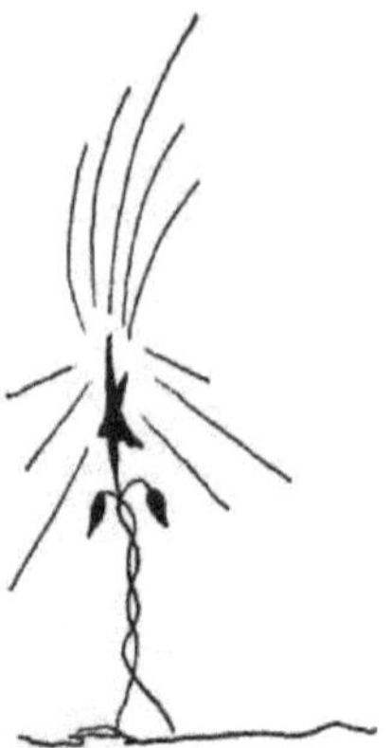

Two blades of grass *were growing* next to each other and from the moment they saw each other did not exchange a single word.
One evening a star came down next to them and both rose to salute it. Only then did they touch shoulders. Seeing their faces lit by the beams of the star, …

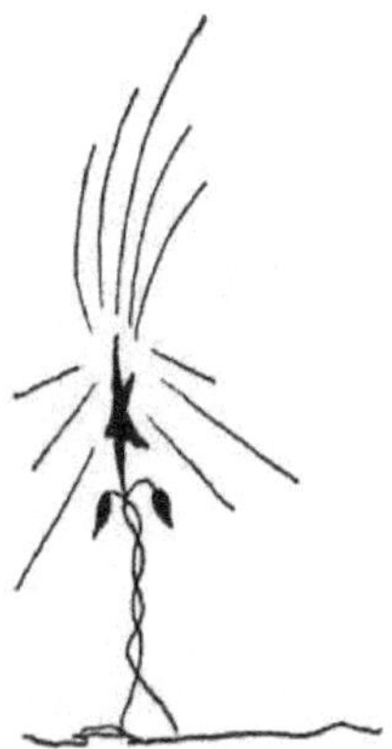

Creşteau două fire de iarbă alături şi nu şi-au spus unul altuia, de când s-au văzut, nici un cuvânt.
Într-o seară a coborât aproape de ele o stea şi ambele s-au ridicat s-o salute. Abia atunci şi-au atins umerii. Văzându-şi feţele luminate de razele stelei...

"Your Eden is where executioners can carry out no doom:
The solitude of the world and the cosmos of the room."
(fragment from *Anthem to Eminescu* by Valeriu Anania)

N.B.!
Concerning the "solitude of the world and the cosmos of the room"
I would say…

"Edenul tău e unde cărare n-au călăii:
Singurătatea lumii şi cosmosul odăii".
(fragment din *Imn Eminescului* de Valeriu Anania,)

N.B.!
Despre "singurătatea lumii şi cosmosul odăii" aş spune...

❋

In the heart of the mace there is a secret. How can we discover it, since only *the Flame of Time*, which shelters in a shepherd's horn, knows how to solve it?

N.B.!

a) An old hermit knows the story of this mace…
Tell the others how you "heard it" from him.
b) If you can gather all the maces from our fairy tales, then…
c) Write the legend of the first mace.

❋

În inima buzduganului se află o taină. Cum o putem afla, dacă doar *Făclia Timpului*, cu adăpost într-un bucium, știe a o dezlega?

N.B.!

a)Un bătrân sihastru cunoaște istoria acestui buzdugan... Povestiți și altora cum ați "auzit-o" de la el.

b) Dacă ai putea să aduni toate buzduganele din basmele noastre, atunci...

c) Scrie legenda primului buzdugan.

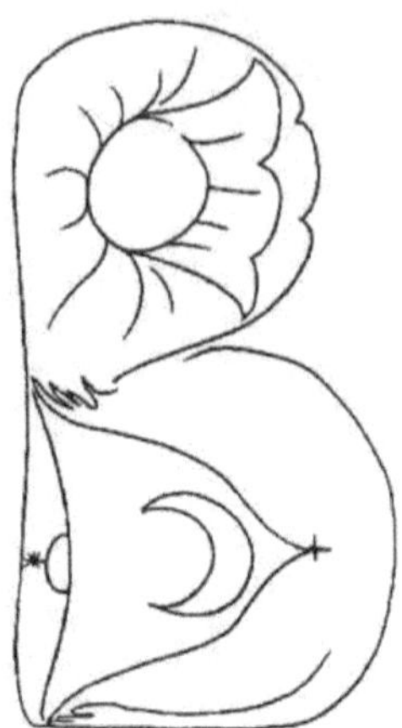

✵

1. This representation of the letter “B” lets you read a version of *the Ballad of the Universe*, which is as yet an unwritten work. Starting from symbols, write down this ballad.

a) The Sun sends messages through the whole universe. In the form of a letter or a telegram write down one of these messages.
b) On the dome of the universe the Moon preaches: the evening sermon, the midnight sermon and the dawn sermon.

N.B.!
1. Good started to travel the world. What can happen to it?
2. Talk about the moments that you could hold in a leaf boat, in a thought yacht, in a palm’s corolla…
3) I took in my palm a Moment of the Morning – a grain of dew – and…

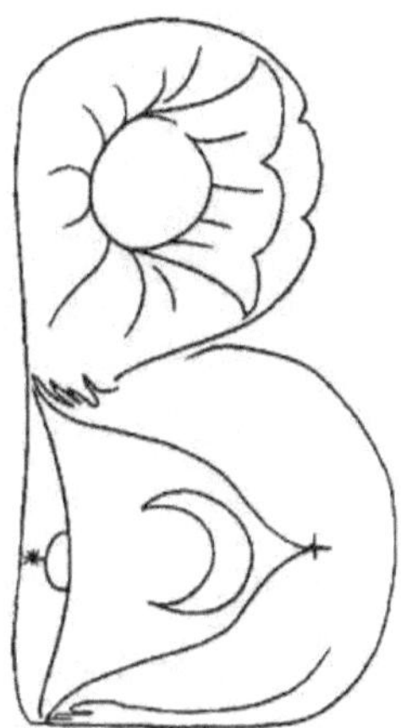

❋

1. Pe chipul literei "B" poate fi citită o variantă a *Baladei Universului*, lucrare nescrisă încă.
Pornind de la simboluri, scrie această baladă.

a) Soarele trimite ştiri în tot universul.
Scrie o ştire trimisă de soare sub formă de scrisoare sau telegramă.
b) Pe cupola universului Luna îşi ţine predicile: cea de seară, miezonoptica şi predica din zori.

N.B.!
1. Binele a pornit să călătorească prin lume. Ce i s-ar putea întâmpla?
2. Vorbiţi despre clipele ce le-aţi putea ţine în barca frunzei, în iahtul gândului, în corola palmei...
3. Am luat în palmă o *Clipă a Dimineţii* – un bob de rouă – şi...

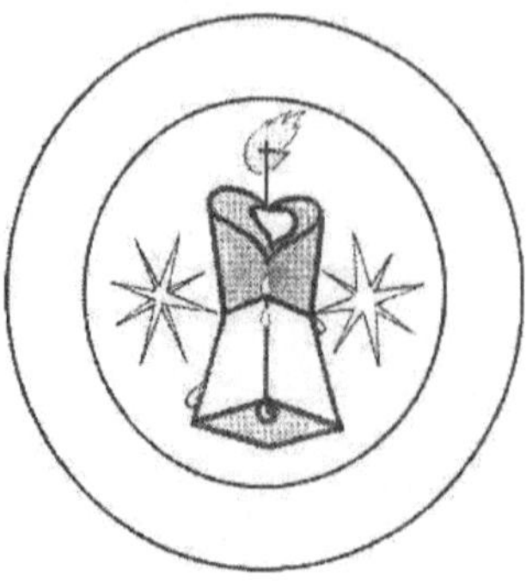

Let's find the hidden enigma in the spiritual symbol of a family.

What will you write on the frontispiece of the coat of arms?

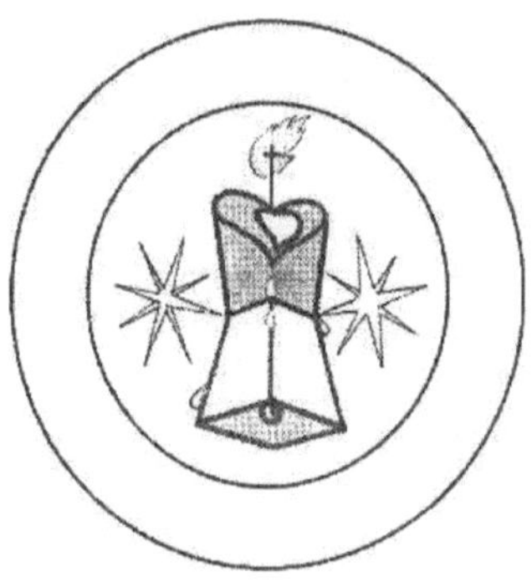

Să găsim enigma ascunsă în blazonul spiritual al unei familii.

Ce veţi scrie pe frontispiciul blazonului?

BASARABIA

N.B.!

1. Why is the "R" from the word *Basarabia,* [7] *Romania*, *America* crying?

a) But what do letters from other words say?

[7] Bessarabia, historic region, largely in Moldova and Ukraine. It is bounded by the Dnestr River on the north and east, the Prut on the west, and the Danube and the Black Sea on the south.

BASARABIA

N.B.!

1. De ce plânge "R" din cuvântul *Basarabia, România, America*?

a) Dar ce zic literele din alte cuvinte?

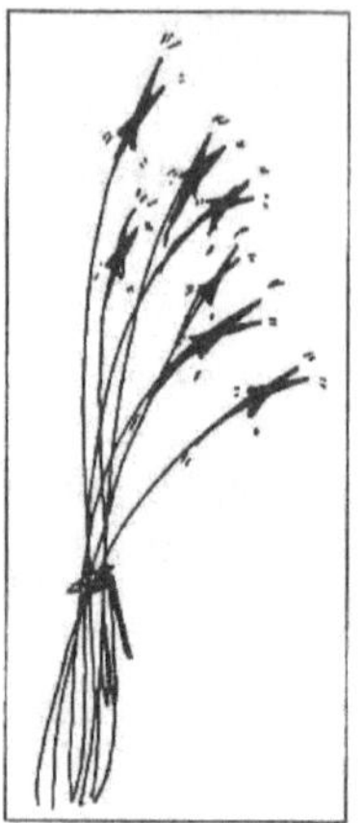

Unusual Bouquets

Star bouquet
Rain bouquet
Rainbow bouquet
Love bouquet
Hope bouquet
Voice bouquet
Word bouquet

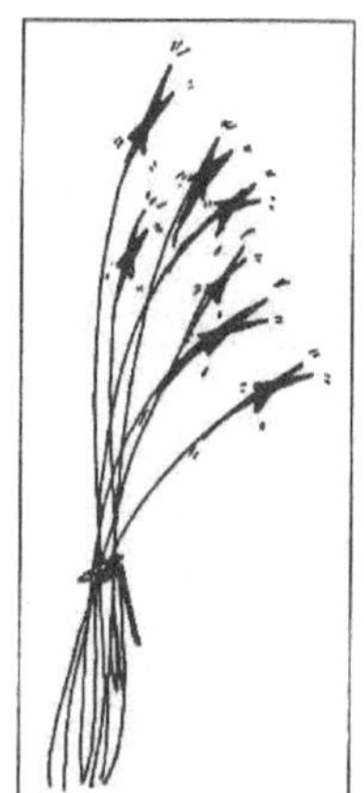

Buchete neobișnuite

Buchet de stele
Buchet de ploaie
Buchet de curcubeu
Buchet de dragoste
Buchet de speranțe
Buchet de voci
Buchet de cuvinte

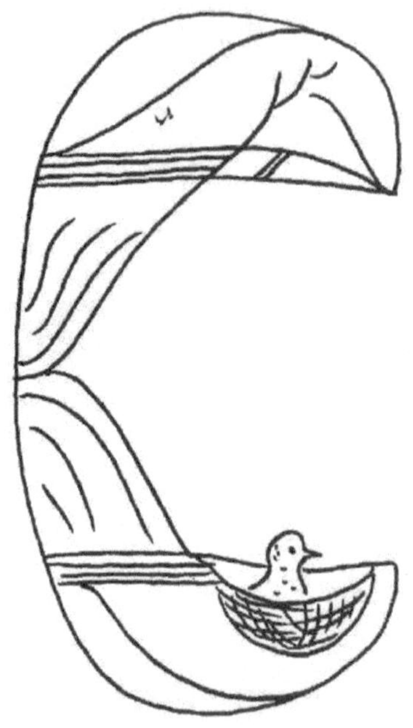

❋

1. Find in this graphic metaphor symbols which could help you meditate on the meaning of life and the eternal values.

a) Each margin of a book is bathed by a river. Give a name to these rivers.
b) Look for the spire of the cathedral which does not have the sign of any faith imprinted on it. You can "imprint" it at the end of your written work.
c) You will find agitation, silence, warmth, peace, storms and… Being connected to eternity, they rise and then settle down within us once again. In this way…

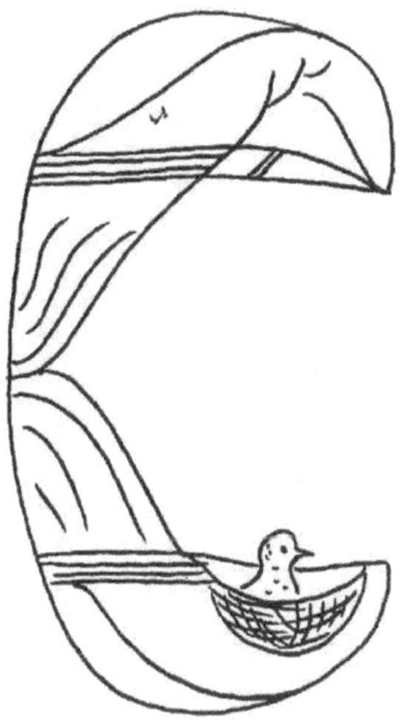

❋

1. Găsiţi în metafora grafică acele simboluri care v-ar ajuta să meditaţi asupra rostului vieţii şi valorilor eterne.

a) Marginile filelor de carte sunt scăldate de câte un râu. Daţi nume râurilor.
b) Căutaţi turla catredralei care nu are imprimat pe ea semnul vreunei credinţe. Puteţi să-l "încrustaţi" la sfârşitul lucrării scrise.
c) Veţi găsi zbuciumul, liniştea, căldura, pacea, furtuna şi... Toate de veşnicie fiind legate, răsar şi apun prin noi încă o dată. Astfel...

❋
Whenever the mountain crests, the calls of the universe, the earth's secrets, the whispers of day and night are present…

At this "halt" we encounter the infinite and we find ourselves looking for it within us.

❋

Atunci când sunt de faţă crestele muntelui, chemările universului, tainele pământului, şoaptele zilei şi ale nopţii...

La această "staţie" ne întâlnim cu infinitul şi ne pomenim căutându-l în noi.

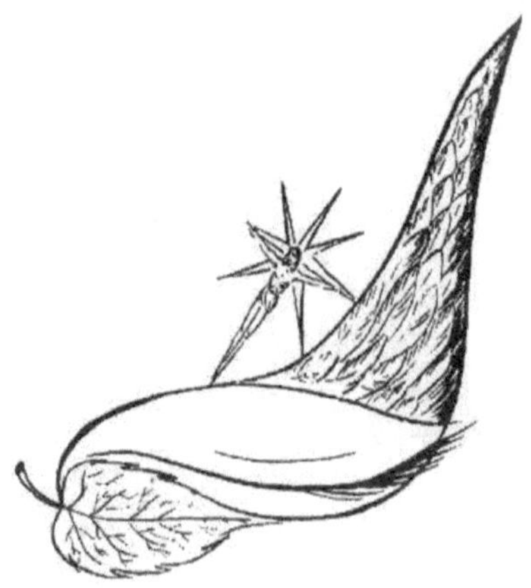

❋
After a long time we realize that we have lost something and, then we start *Looking for the Moments with blue eyes, for those with* green eyes, red eyes, yellow eyes…

N.B.!
What shape do the Moments have in your opinion?

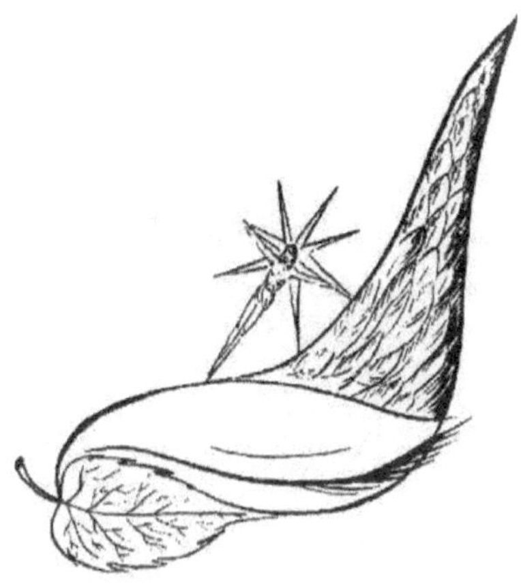

✵

Într-un târziu ne dăm seama că am pierdut ceva şi, atunci, pornim *În căutarea Clipelor* cu ochi albaştri, ale celor cu ochii verzi, roşii, galbeni...

N.B.!
Ce formă au Clipele în viziunea ta?

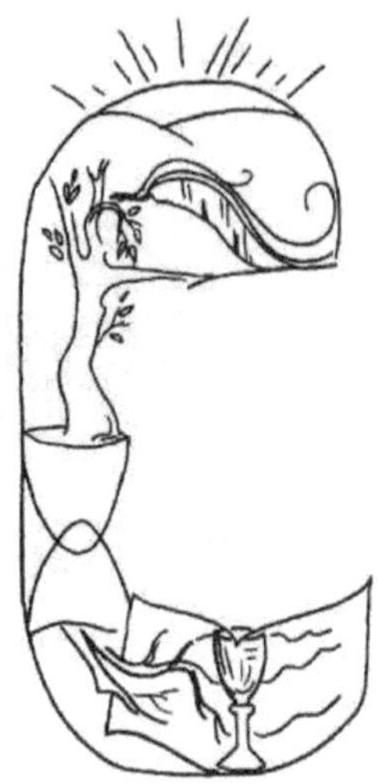

❋

Find out the hidden secrets in the aspect of this letter:

a) The Sun rises from behind … (the roof of the House of Thoughts…, from behind…).
b) The tree grows from the carol of the bells, from the melodies of the carols…
c) What could you say about the roots' epic poem?
They write in the Book…

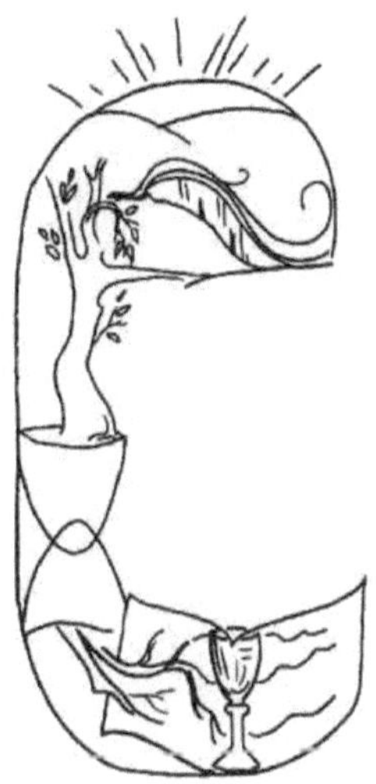

⁂

Aflaţi tainele ascunse în chipul acestei litere:

a) Soarele răsare de după ... (acoperişul *Casei Gândurilor...*, de după...).
b) Copacul creşte din colindul clopotelor, din melodiile colindelor...
c) Despre epopeea rădăcinilor ce-aţi putea spune?
Ele scriu în Cartea...

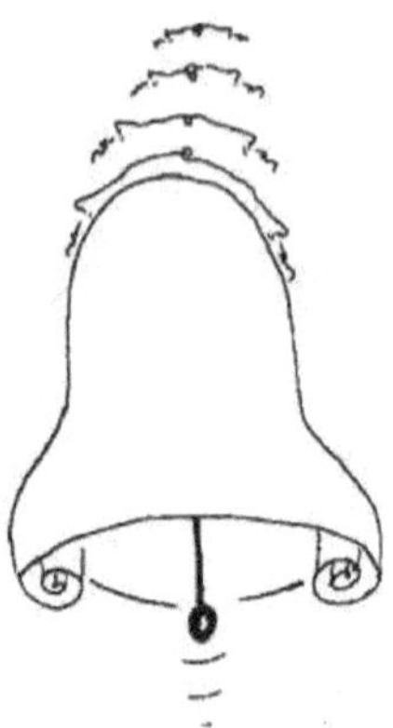

Thinking about the symbol of the chalice, you will find in it day and night, laughter and tears, white and black…

The word is hiding behind the shadow of the white paper leaf.
How can I urge it to come to light from a dark past?
When I do not think about it, the word sits by my side,
but when I call it, it seems to be afraid and it goes away.
(by Rabindranath Tagore)

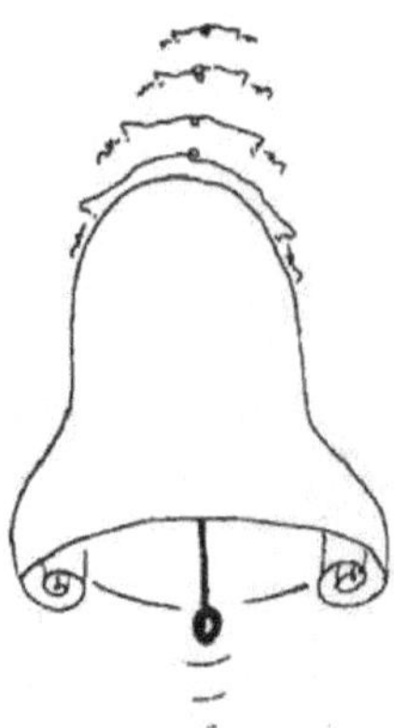

Gândundu vă la simbolul cupei, veţi găsi în ea zi şi noapte, râs şi plâns, alb şi negru...

În umbra foii albe de hârtie
cuvântul stă pitit.
Cum să-l îndemn să iasă la lumină
dintr-un trecut umbrit?
Când nici gândesc la el, cuvântul
alături mi s-aşează,
Iar când îl chem, se teme parcă
şi se îndepărtează.
(de Rabindranath Tagore)

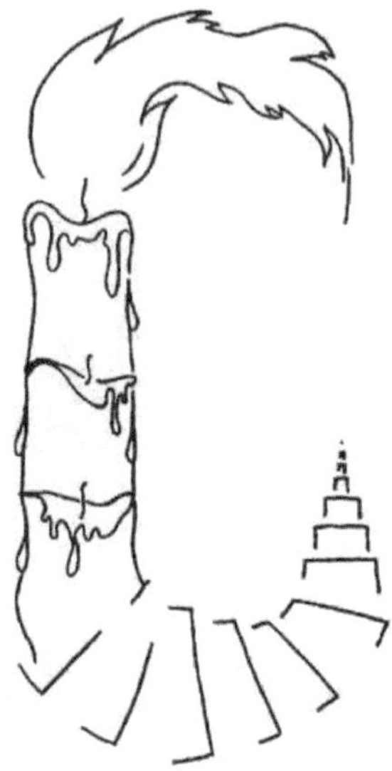

❋

1. Three candles go up *the Stairs of Time*. They have only one flame…

The thought of the flame goes down the stairs again, looking for…

a) What can we find in the universe the flame creates?
b) What can we keep in this universe?
c) What are the secrets hidden in it?
d) What do the stairs say? And the flame-roof, what does it say?

N.B.!

1. Write down words whose color is pink, green, red, blue … Bring them down to *the Gate of your Soul* and let them pass one by one, according to the importance you give them, through the larders of your soul.
2. A star travels in space. Now it arrives in my heart. This is what it tells me…

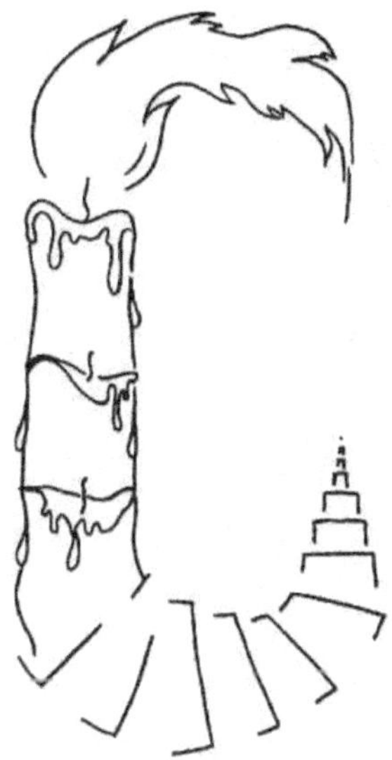

❋

1. Pc *Treptele Timpului* urcă trei lumânări. Ele au o singură flacără...

Gândul flăcării coboară din nou treptele, căutând...

a) Ce vom găsi în universul creat de flacără?
b) Ce vom putea păstra în acest univers?
c) Care sunt tainele ascunse în el?
d) Ce zic treptele? Dar flacăra-acoperiş?

N.B.!
1. Scrie cuvinte de culoare roz, verde, roşie, albastră... Adă-le la *Poarta Sufletului* tău şi trecele pe rând, după importanţa ce le-o acorzi, prin cămările sufletului.
2. Călătoreşte prin spaţiu o stea. Acum a ajuns în inima mea. Iată ce mi-a spus...

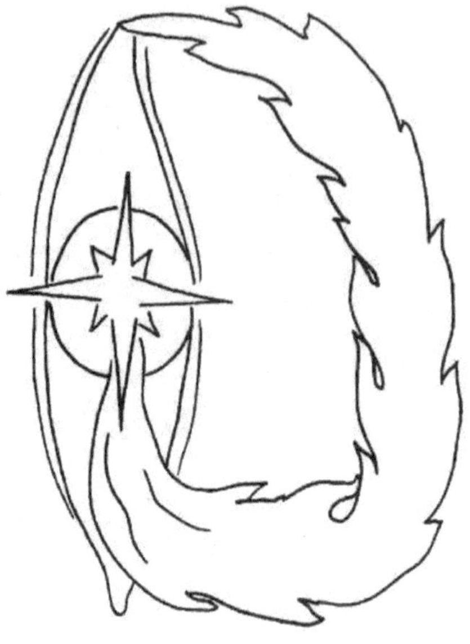

✵

In the Eye of the Night, the star made its nest, but the wing which rose from the star protects us from…
On the kerchief of the wing write with your thought what you want to say to the star.

N.B.!
One day I wrote a poem dictated to me by a drizzle (a shower, a sun shower). On the face of the earth I read…

❋

În Ochiul Nopţii, steaua cuib şi-a făcut, iar aripa ce a răsărit din stea ne ocroteşte de...

Scrie cu gândul pe năframa aripei ce vrei să-i spui stelei.

N.B.!

Am scris într-o zi un poem dictat de o ploaie ciobănească (torenţială, cu soare). Pe faţa pământului am citit...

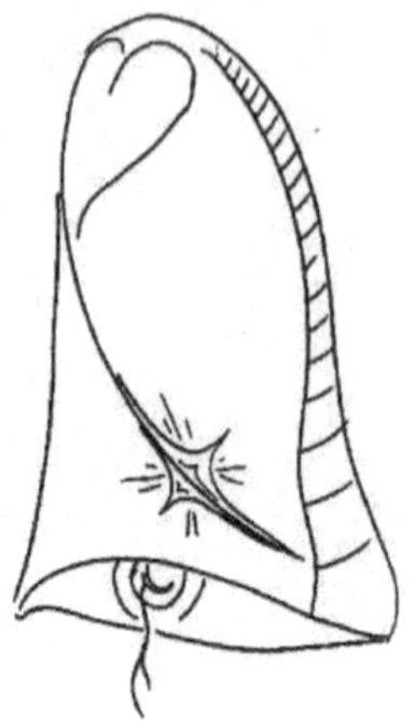

❋

1. The evening bell can be heard. I go up to the star's heart and discover that…
2. I begged the star to sing us *the Evening Anthem*. It sounds like this…

N.B.!

Continue the list of images that characterize the path of your aspirations: a blue path, a beaten path, a happy path, a worried path, a way…

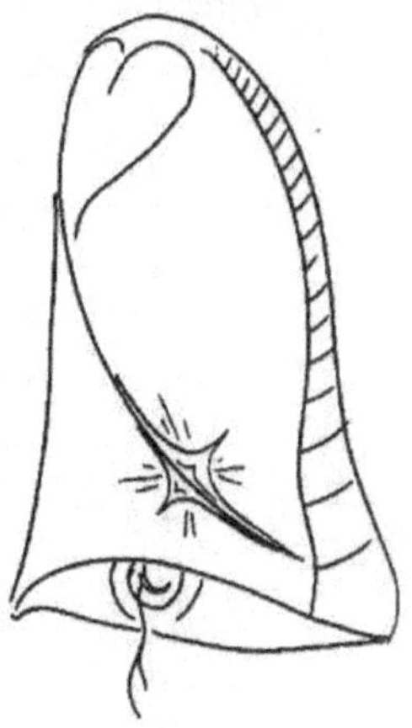

❋

1. Ce aude clopotul serii. Urc pân'la inima stelei şi descopăr că...
2. Am rugat steaua să ne cânte *Imnul Serii*. El sună astfel...

N.B.!
Continuă şirul de imagini ce caracterizează drumul aspiraţiilor tale: drum albastru, drum bătătorit, drum fericit, drum necăjit, drum...
Dezvăluie semnificaţia imaginilor scrise.

The Word

It was destined to be crucified on a book. Its backbone was created from flutes made of beechwood, elder bushes, bone.

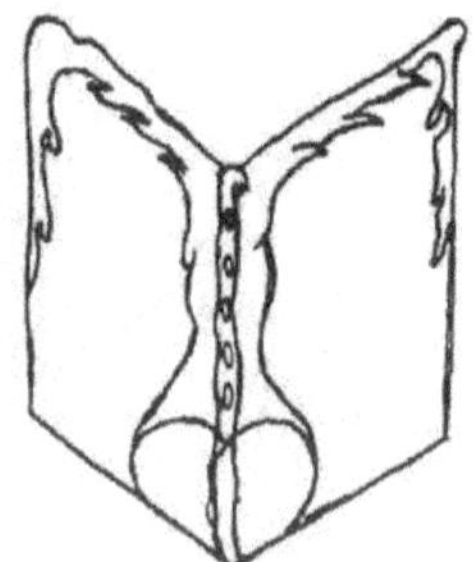

The Destiny of the Word

Did it come to terms with its destiny?
Can it protect with its wings...?
But its resting day...
The star listens to it and...

Cuvântul

Dar i-a fost să fie răstignit pe-o carte. Coloana lui vertebrală era zămislită din fluieraşe de fag, de soc, de os.

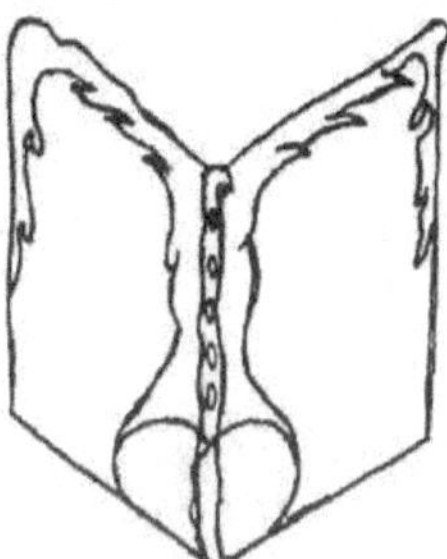

Destinul Cuvântului

S-a împăcat oare cu destinul?
Poate ocroti cu aripile lui...?
Iar ziua lui de odihnă...
Steaua îl ascultă şi...
Destinul Cuvântului

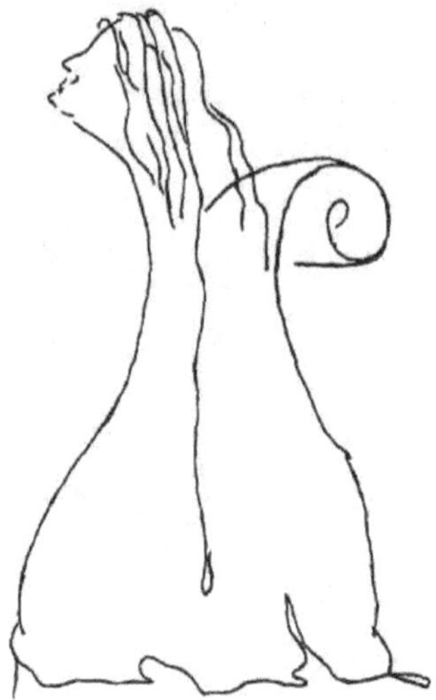

The Destiny of the Artist

1. Is the artist God's messenger?
a) Are artists the superior embodiment of spiritualized matter?
b) Are their lives a pure happening on this earth?

❋

2. Our childhood trod many paths, but the path it took to the *Country of the Tales* it can not forget.
a) How would you describe or draw the path of the tales on which you walked?

3. In the Constellation of the Swan there is a star bigger that the Sun – Deneb.
a) Imagine *the dialogue between the Sun and Deneb.*[8]
b) Comment orally or in written form upon the graphic work *The Destiny of the Artist*

---

[8] The subject is dedicated to the late lamented poet Alexandru Ghidirim from Palanca, Ştefan Vodă, Republic of Moldova.

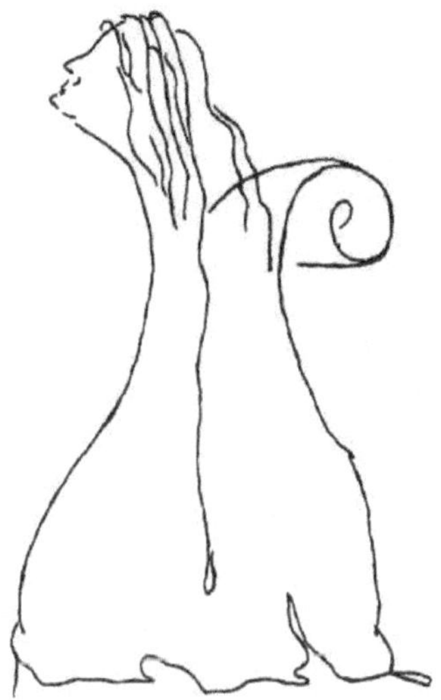

Destinul artistului

1. Omul de artă e trimisul lui Dumnezeu?
a) E întruchiparea superioară a materiei spiritualizate?
b) E o întâmplare viaţa lui pe acest pământ?

❋

2. Copilăria noastră a bătătorit mai multe cărări, dar drumul pe care a mers spre *Ţara Poveştilor* nu-l poate uita.
a) Cum ai descrie sau desena drumul poveştilor pe care ai mers?
3. În *Constelaţia Lebedei* este o stea mai mare decât Soarele – Deneb.
a) Imaginaţi-vă dialogul dintre *Soare* şi *Deneb*.
b) Comentaţi oral sau în scris lucrarea grafică *Destinul artistului*.

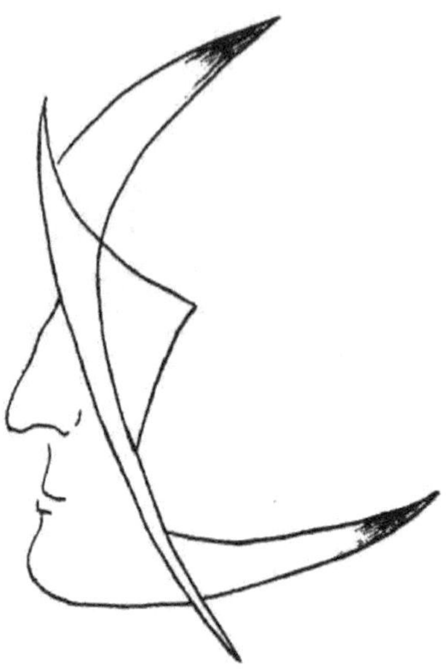

a) This star keeps His/Her countenance as an icon. It...
b) Eternity made its nest in the star's eye. *The Moments of His Thought* and of His/Her Feeling fall down on the earth of the Country, and we...

N.B.!
1. Listen carefully to what the star says and send it a telegram with the first beam that falls on the retina of your eye.
2. The Moon washes its face in the mirror of the star and tells us how the Poet speaks with the Lake, the Linden Tree, the Forest…

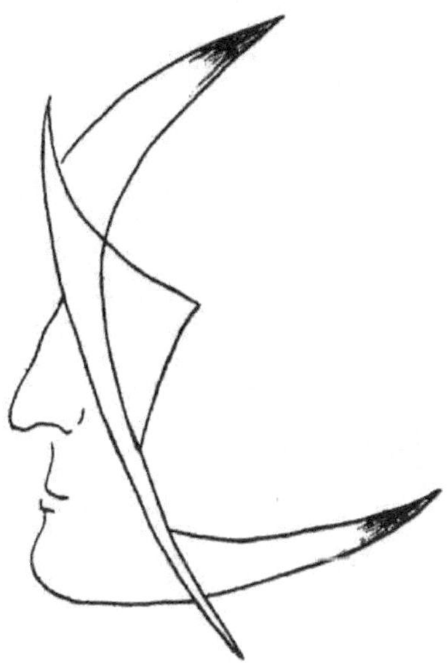

a) Această stea, ca pe o icoană, chipul Lui/Ei îl păstrează. Ea...
b) Eternitatea şi-a făcut cuib în ochiul stelei. Cad *Clipele Cugetului* şi ale *Simţirii* Lui/Ei pe pământul Ţării, iar noi...

N.B.!
1. Ascultă atent ce spune steaua şi trimite-i o telegramă cu prima rază ce ajunge pe retina ochiului tău.
2. Luna îşi scaldă faţa în oglinda stelei şi ne spune cum Poetul stă de vorbă cu Lacul, cu Teiul, cu Pădurea...

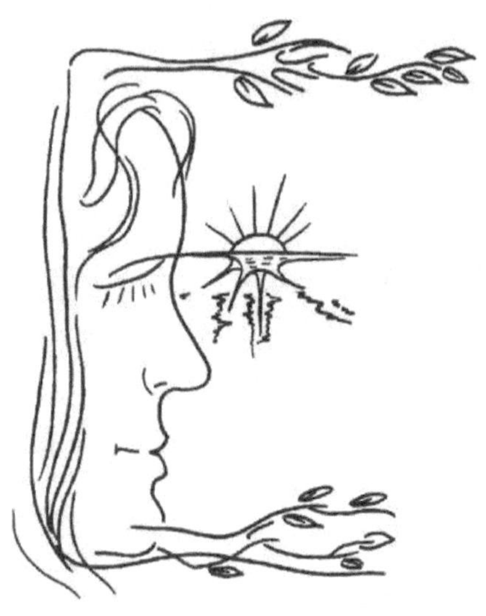

When...

When the Star rises from His/Her Eye,
When the Leaves of autumn whisper,
When Thought takes the road to the Sun...

Write other verses further on.

N.B.!
The way to *the Cathedral of the Words* is guided by three stars.
1. Somebody asked: "Is it Eminescu? [9] Is it Creangă? [10] Is it Alecsandri? ... [11] " ("Is it Longfellow? Is it Baudelaire? Is it Schlegel?")

[9] Eminescu, Mihail (1850-1889), Romanian poet. He is considered the foremost Romanian poet of his century. His poetry reflected the influence of the French romantics.

[10] Creangă, Ion (1839-1889), Romanian writer. His works include *Memories from Childhood,* tales and school manuals.

[11] Alecsandri, Vasile (1821-1890), Romanian writer and theatre director. He wrote lyrical and epical poems.

Când...

Când Steaua din Ochiu-i
răsare,
Când frunzele toamnei
şoptesc,
Când Gândul ia drumul
spre Soare...

Scrieţi şi alte versuri în continuare.

N.B.!
Drumul spre *Catedrala Cuvintelor* e călăuzit de trei stele.
1. Cineva a întrebat: "Este Eminescu? Este Creangă? Este Alecsandri? ..."

2. "I've received letters sent from *the Country of the Flowers, the Country of the Bees* and *the Country of the Clouds*". Read me one of them.
3. The Tower of the Cathedral explained to me that there are *Kings/Queens of Time – Yesterday, Today, Tomorrow...* I will tell Them...
4. Courage, Sadness and Labor were going to the Cathedral. What did each of them write in their Chronicle?

2. "Sunt scrisori expediate din *Ţara Florilor*, *Ţara Arborilor* şi *Ţara Norilor*". Citeşte-mi una din ele.
3. Turnul Catedralei mi-a explicat că sunt *Craii/Crăiesele Timpului* – Ieri, Azi, Mâine... Le voi spune...
4. Curajul, Tristeţea şi Munca mergeau spre Catedrală. Ce a scris fiecare în Letopiseţul său?

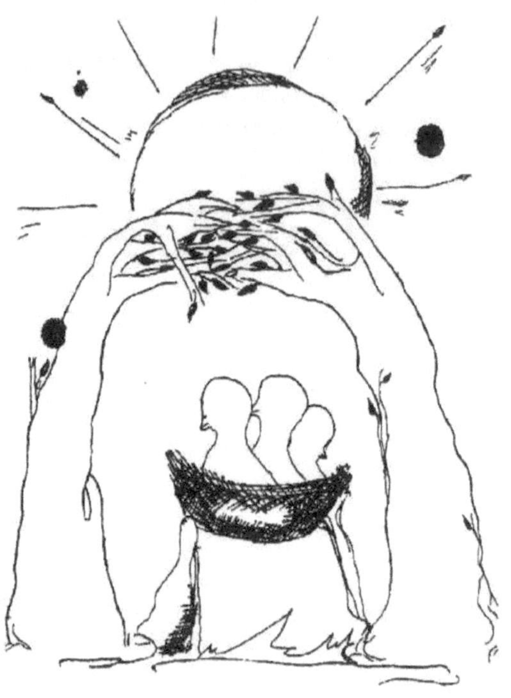

✵

I saw in my dream *the Arms of the Poet*. They were protecting against the scorching heat the nest in which I sat with my brothers.

N.B.!

Write the legend of *the Arms of Eminescu, the Arms of Lady George Eliot, the Arms of Ralph Waldo Emerson*. Nobody has written it before you. Create other legends in story form along with illustrations.

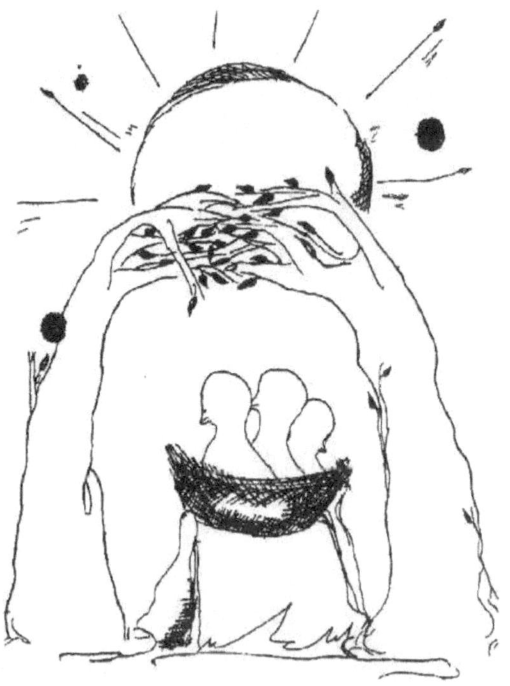

❋

Am văzut în vis *Brațele Poetului*. Ele apărau de arșiță cuibul în care stăteam împreună cu frații mei...

N.B.!

Scrie legenda *Brațele lui Eminescu, Brațele lui Dante*, *Brațele lui Prometeu, Brațele lui Orfeu*. N-a scris-o nimeni până la tine. Scrie și alte legende acompaniate de imagini.

Tears of light go up to eternity and from the face of the Evening and the Morning Star they come down to earth. They make the forest sing, transforming the trees into…

Talk to me, dear friend, about these songs, about the springs which come into being from tears of light at the foot of the hill, talk to me.

Lacrimi de lumină urcă în eternitate şi de pe faţa Luceafărului coboară pe pământ. Ele fac să cânte codrul, transformnând copacii în...

Despre cântecele acestea vorbeşte-mi, prietene drag, despre izvoarele ce se nasc la poale de codru din lacrimi de lumină, vorbeşte-mi.

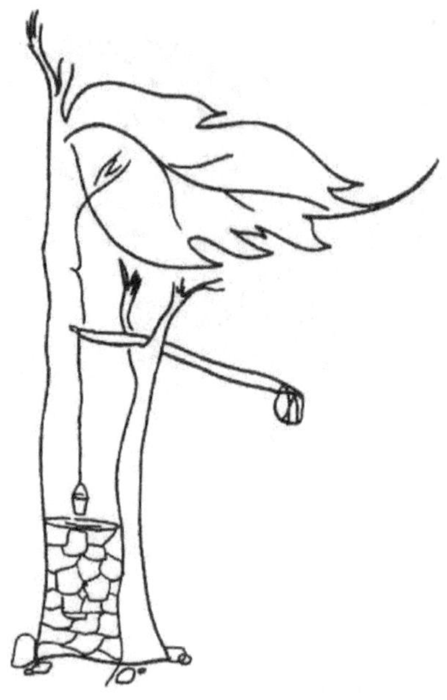

❋
Write the *Poem of the Letter "F"*, starting from the graphic suggestions.

a) What discoveries can you make coming at *the Fountain of the Imagination*?
b) What is written on *the Chronicle of the Leaf*?
c) And the Honeycombs, what do the Honeycombs say about all they see and hear?

N.B.!
When the candle burns out, the smoke writes in the air a poem about the secrets of the fire or the light, or a poem about…

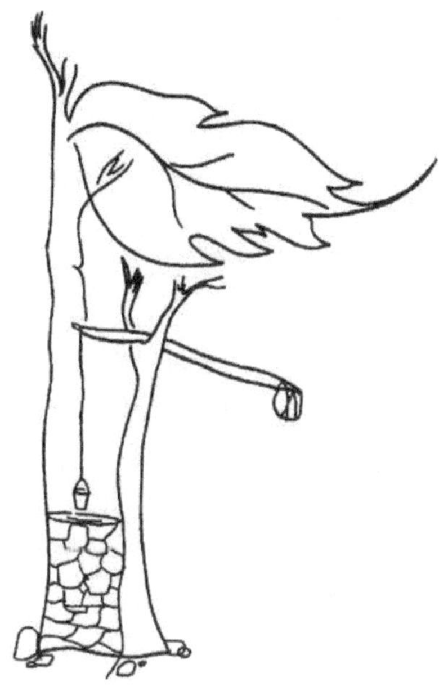

❋

Scrieţi Poemul Literei “F”, pornind de la sugestiile grafice.
a) Ce descoperiri puteţi face venind la *Fântâna Fanteziei*?
b) Ce este scris în *Letopisețul Frunzei*?
c) Dar Fagurii, ce spun Fagurii despre toate câte le văd şi aud?

N.B.!
Când se stinge lumânarea, fumul scrie în aer un poem despre tainele focului, ale luminii sau un poem despre...

Reference words for a concise biography of the artist:

flame,
folio,
fire,
flag,
frame,
foliage,
fog,
flower,
flap,
fantasy,
flood.

Cuvinte de reper pentru o succintă biografie a omului de artă:

flamură,
filă,
flacără,
fereastră,
frunză,
fum,
floare,
freamăt,
fantezie,
fluviu,

❋

I saw how Prometheus looks through *the Window of Time* and…

On autumn paths we set about to arrive…

Contest: Describe a frosted window.
Condition: All of us will try to discover the poem of the same window.
Possible theme: *Winter fantasy, dyed on the window pane.*

❋

Am văzut cum Prometeu se uită prin *Fereastra Timpului* şi...

Pe potecile toamnei ne-am pornit să ajungem...

Concurs: Descrieţi o fereastră îngheţată.
Condiţie: Toţi vor căuta să descopere poezia aceleiaşi ferestre.
Temă posibilă: Fantezie de iarnă, incondeiată pe geam.

The clouds listen in surprise to the melody of the Leaf. They sing to themselves of their destiny…

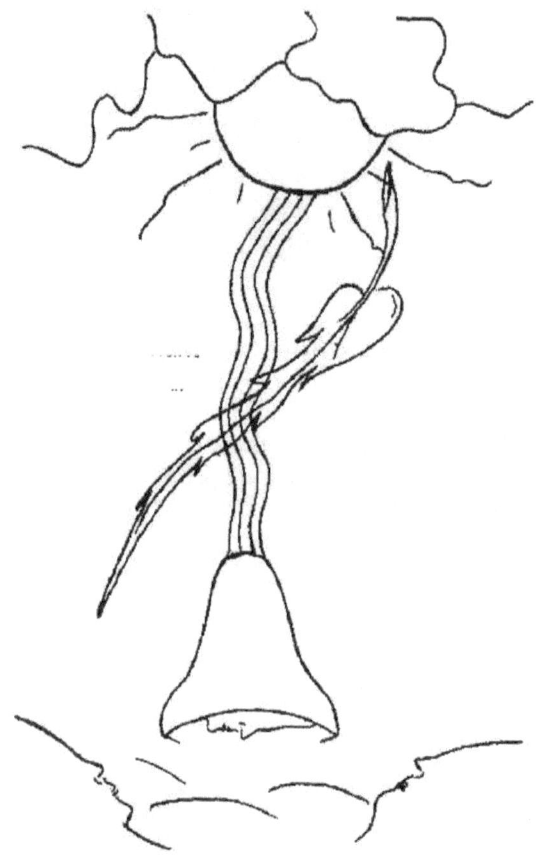

❋

The last leaf *did not want* to come down to earth until it had *not* played the *Violin of the Sun.*

N.B.!
Write the text for that melody.
The wise hills answered the Clouds… but the Leaf…

Norii ascultă uimiţi melodia Frunzei. Îşi cântă şi ei destinul...

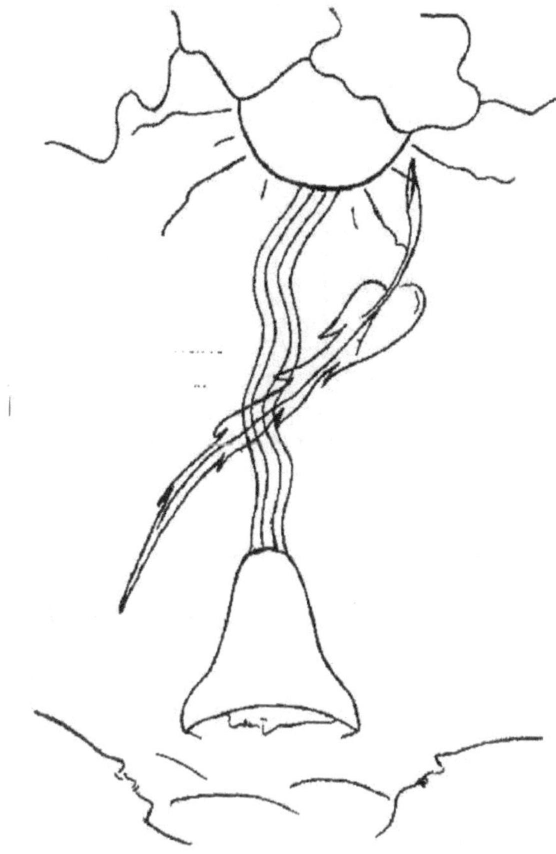

❋

Ultima frunză n.a vrut să coboare pe pământ până n-a cântat din *Vioara Soarelui*.

N.B.!

Scrie textul pentru acea melodie.

Dealurile înţelepte au răspuns Norilor... Iar Frunza...

✵
I looked everywhere, but I didn't find a *Fountain of Colored*[12] *Thoughts.*

You will be the first to write the story of this well.

N.B.!
a) What kind of imaginary wells do you know?
b) Who comes to take water from them?

---

[12] For more information on the interpretation of colors see Jean Chevalier and Alain Gheerbrant *A Dictionary of Symbols.*

❋

Am căutat peste tot, dar n-am găsit o *Fântână a Gândurilor Colorate*[13].

Vei fi primul care va scrie povestea acestei fântâni.

N.B.!
a) Ce fel de fântâni imaginare mai cunoaşteţi?
b) Cine vine să ia apă din ele?

[13] Pentru detalii suplimentare despre interpretarea culorilor consultaţi Jean Chevalier şi Alain Gheerbrant *Dicţionar de simboluri*.

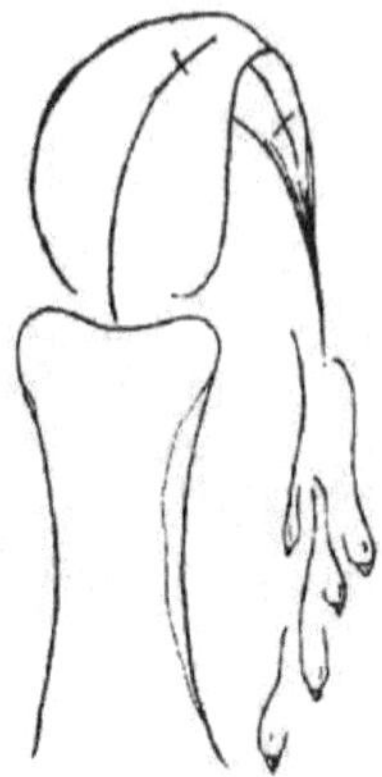

✵

The Dawn told me that a candle flame is a *window* in the universe.

The Star told me that fire nourishes nights of inspiration. Which is right?

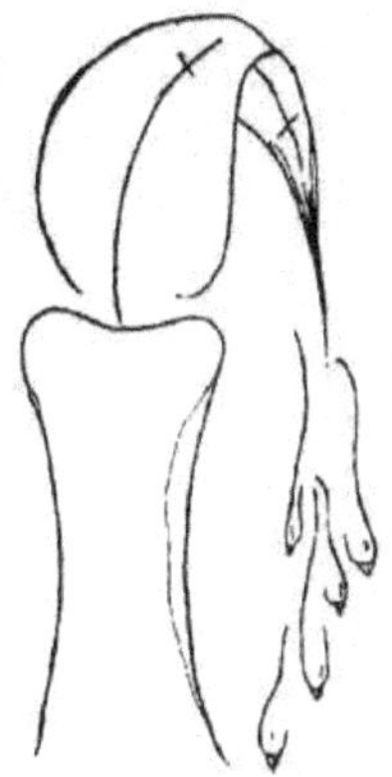

✵

Zorii mi-au spis că flacăra unei lumânări e o fereastră în univers.

Steaua mi-a spus că focul este hrană pentru nopţile de inspiraţie. Cine are dreptate?

✵

a) The letter “G” in the image is unusual, it has a warm soul, a gentle top, a vigorous stem…

b) The Ear talked with the Sun when the star was coming down in the palms of the Earth. This is what they said to each other…

c) What does the leaf that reached the tree’s root say?
And the acorn that became a lamp?

⁂

a) Neobişnuită, litera “G” din imagine are suflet cald, creştet blând, tulpină viguroasă...

b) Spicul a vorbit cu Soarele când astrul cobora în palmele Pământului. Iată ce şi-au spus...

c) Ce zice frunza ajunsă la rădăcina copacului? Dar ghinda ajunsă felinar?

❋

1. The snail discovered that the leaf is an unusual fortress and it stopped at the entrance.
What song should the snail have hummed in order to open the door?
Did it by any chance use the magic song? Which one?

Questions for the snail
(asked by Liviu Damian in the poem "The Snail")

Who is teaching you, snail, that haste is on the surface and goes away like a fog?
Who told you, snail, that a sprint dies out into foams and foams have no name?

N.B.!
1. What other questions can you ask the snail?
a) What could the snail answer?

❋

1. Melcul a descoperit că frunza este o cetate neobişnuită şi s-a oprit la intrare.
Ce cântec ar fi trebuit să îngâne pentru a i se deschide uşa?
A folosit cumva descântecul? Care?

Întrebări pentru melc
(puse de Liviu Damian în poemul "Melcul")

Cine, melcule, te-nvaţă
Că graba-i la suprafaţă
Şi se duce ca o ceaţă?
Cine, melcule, îţi spune
C-o fugă se trece-n spume
iară spumele n-au nume?

N.B.!
1. Ce întrebări îi mai puteţi pune melcului?
a) Ce-ar putea să ne răspundă melcul.

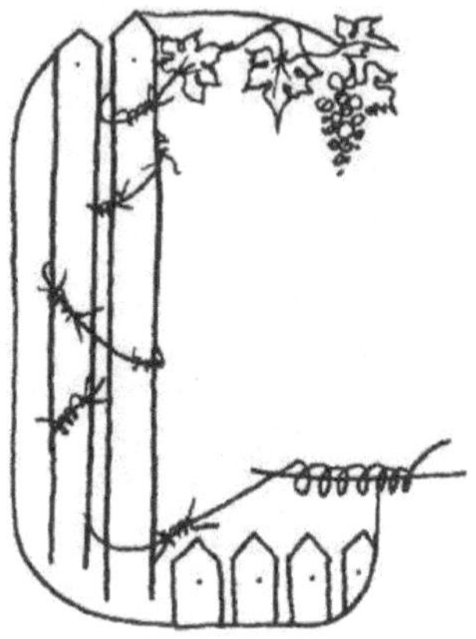

❋
The vine can hardly be seen from behind the wire entanglement…

N.B.!
1. The child, passing by on the road, can not taste even one grape, and is sad… But the ripe bunch of grapes is even sadder… What does it say?

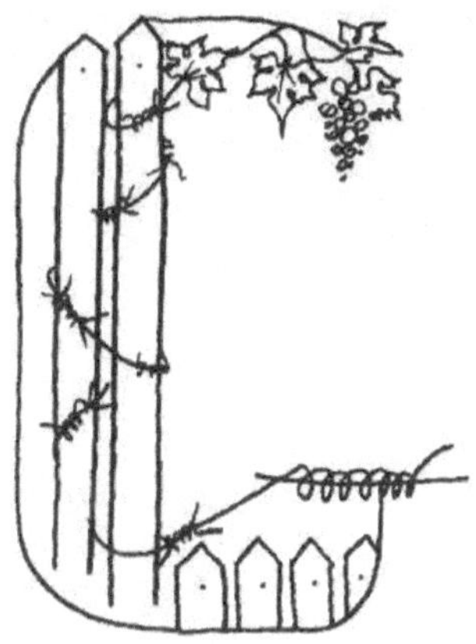

❋

1. Abia se vede de după gardul de sârmă ghimpată viţa-de-vie...

N.B.!

1. Se întristează copilul care, trecând pe drum, nu poate gusta măcar o bobiţă... Dar mai trist e ciorchinele copt... Ce spune?

The window of Day and Night

❋

a) The Bird of my Dreams sat down on the window of night and told me…
b) Speaking on my behalf, the Moon answered it…
c) In the Kingdom of Words the Sun takes care of…
d) The Sun made barns on earth – for our sake…

N.B.!
1. Write down a few of the colored thoughts the Moon sent you last night.
2. What color were *the Thoughts of the Sun* this morning? What was the Sun singing about?
3. Write a dialogue between the Light and the Shadow.

Geamul Zilei şi al Nopţii

❋

a) *Pasărea Viselor* mele s-a aşezat la geamul nopţii şi mi-a spus...
b) În locul meu, Luna i-a răspuns...
c) În Împărăţia Cuvintelor Soarele are grijă de...
d) Soarele şi-a făcut hambare pe pământ – de dragul oamenilor...

N.B.!
1. Scrieţi câteva gânduri colorate pe care vi le-a trimis aseară Luna.
2. Ce culoare aveau *Gândurile Soarelui* azi dimineaţă? Ce cântă El?
3. Scrieţi un dialog dintre Lumină şi Umbră.

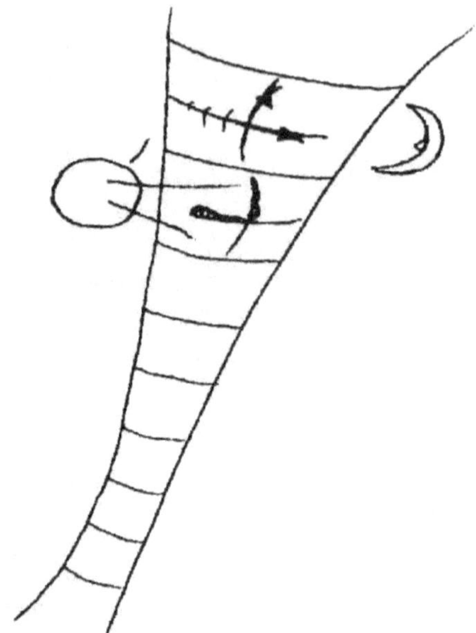

Happenings on the Stairs of Time

❋

a) If you could go up *the Stairs of Time*, what would you say to people when you reached the step…?
b) Tell the story of a Day or of a Night on *the Stairs of Time*.
c) Make the symbols of Moments, Days, Decades go up or down the Stairs of Time…

N.B.!
1. What do the thorns and the flower on the same rose stem tell each other? Write a fable.
2. Describe *the Garden of Words*.
3. I encountered people who had thoughts with iron wings, with clay wings, with… and…

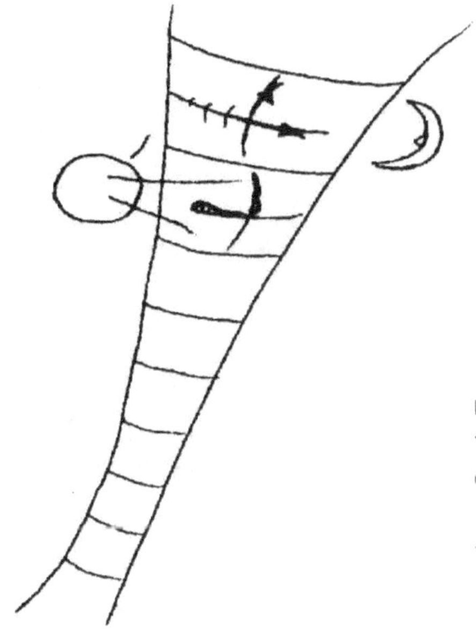

Întâmplări pe Treptele Timpului

✵

a) Dacă ai putea să urci pe *Scara Timpului*, ce le-ai spune oamenilor când ai ajunge pe treapta...?
b) Povesteşte întâmplarea unei Zile sau a unei Nopţi de pe *Scara Timpului*.
c) Coboară sau urcă pe ea simbolurile unor Clipe, Zile, Decenii...

N.B.!
1. Ce vorbesc între ei ghimpii şi floarea de pe aceeaşi tulpină de trandafir? Scrie o fabulă.
2. Descrie *Grădina Cuvintelor*.
3. Am întâlnit oameni care aveau gânduri cu aripi de fier, cu aripi de lut, cu... şi...

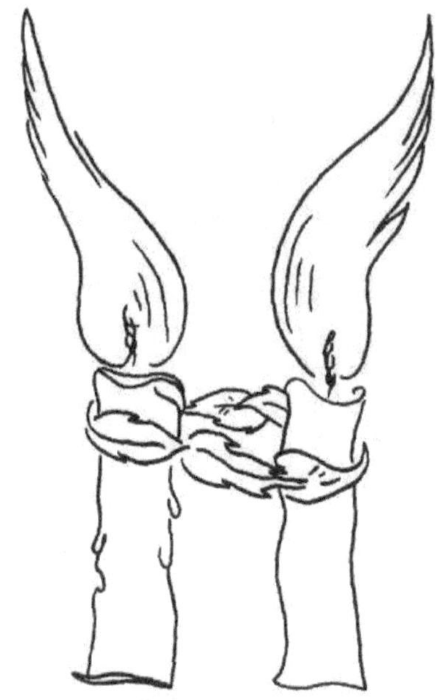

✵

1. Two torches were burning in a late autumn…
The thoughts of the leaves joined the *hora*[14] around the torches…
But the torches…

2. If the Old Chronos, god of time, were to offer you the choice of a cloud cloak, a beam wreath…, what would you take for your entire life, for a day, for an hour, for a second?

---

[14] *Hora* is a Romanian circle dance, a reel.

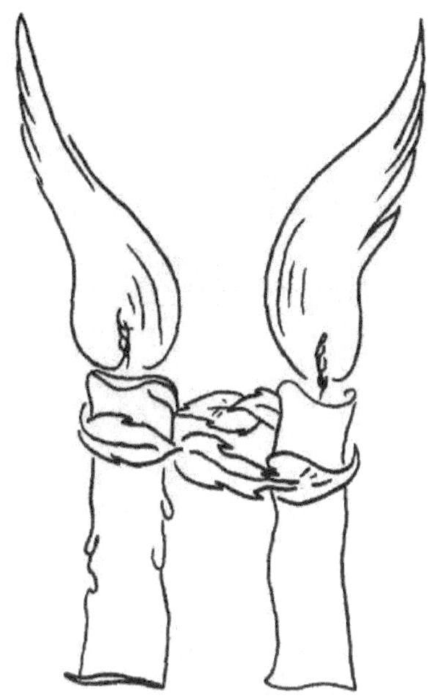

✵

1. Două făclii ardeau într-o toamnă târzie...
Gândurile frunzelor s-au prins în horă în jurul făcliilor...
Făcliile însă...

2. Dacă *Bătrânul Cronos* ţi-ar oferi posibilitatea să alegi mantie de nor, cunună de raze..., ce ţi-ai lua pentru o viaţă, pentru o zi, pentru o oră, pentru o secundă?

❋

Without realizing it, in their last dance, two[15] leaves formed the letter "H"…

a) They are from the same tree, but they had never seen each other…

b) They are from different trees and…

N.B.!

1. Draw *the Hora of the Seasons.*

2. … I was present at *the Festival of the Birds*. This is what it was like…

The flowers are full of meaning,
like the words,
And, as it is in our nature
to avoid some words
with our silence,
the unspeakable leaves stay
around the flowers.
(by Rabindranath Tagore)

[15] For more information on the interpretation of numbers see Jean Chevalier and Alain Gheerbrant *A Dictionary of Symbols.*

❋

Fără să-şi dea seama, în ultimul lor dans, două[16] frunze au format litera “H”...

a) Sunt de pe acelaşi copac, dar nu s-au văzut niciodată...

b) Sunt de pe copaci diferiţi şi...

N.B.!

1. Desenaţi *Hora Anotimpurilor*.
2. ... Eram şi eu la *Hramul Vrăbiuţelor*. Iată cum a fost...

Florile sunt pline de sens,
ca şi cuvintele,
Şi, precum firii i-i dat
Cu tăcerea cuvintele să
le-nconjoare,
În jurul florilor stau
frunzele negrăitoare.
(de Rabindranath Tagore)

---

[16] Pentru detalii suplimentare despre interpretarea numerelor consultaţi Jean Chevalier şi Alain Gheerbrant *Dicţionar de simboluri*.

The Map of the Poem

❋

Unite (in words) the cardinal points from *the Map of the Poem* and write down what they told you.

Try to unite the points on the map in a different way, as if they were brothers.

N.B.!

Make up an interview where the following will talk: the leaf with the sun beam, the blade of grass with the cloud, the tree with the star *etc*.

Harta Poeziei

❋

Uniţi (în cuvinte) punctele cardinale de pe *Harta Poeziei* şi scrieţi ce v-au spus ele.
Încercaţi să înfrăţiţi şi în alt fel punctele de pe hartă.

N.B.!
Alcătuiţi un interviu în care ar dialoga: frunza cu raza de soare, firul de iarbă cu norul, copacul cu steaua *etc*.

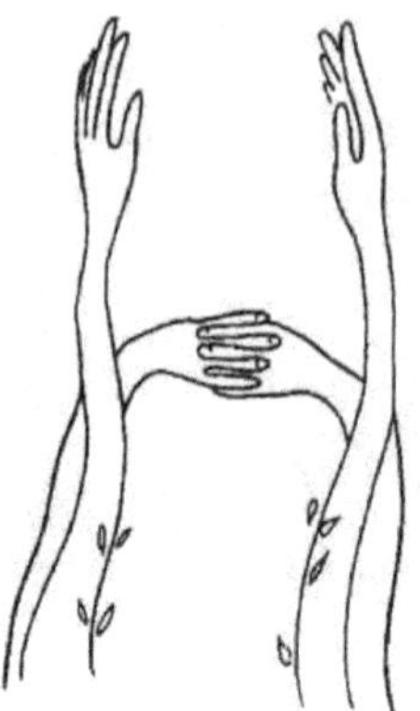

❋

What prayer do the raised hands whisper?
And what do the thoughtful ones, placed on the white sheet, say?
What other meanings can these hands hide?

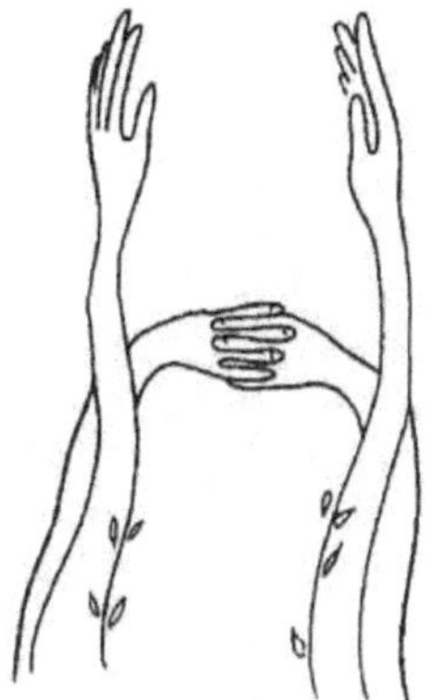

❋

Ce rugă şoptesc mâinile ridicate?
Dar ce zic cele gânditoare, aşezate pe foaia albă?
Ce sensuri mai pot ascunde aceste mâini?

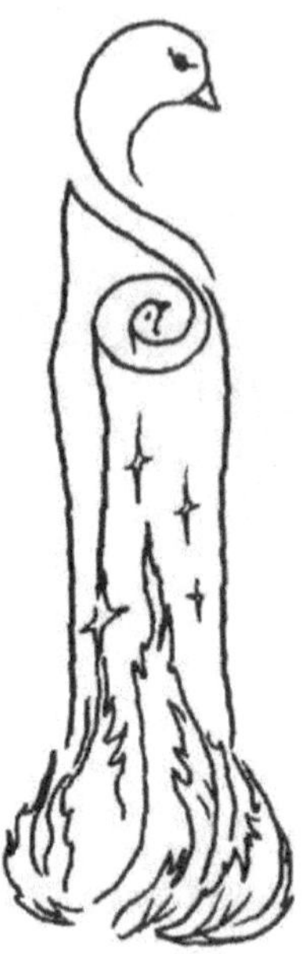

❋

a) *The Bird of the Word* wants to leave its dwelling. The Fire of Truth drives it away.

b) *The Star of the Word* looks at the bird and says…

c) Only *the Hymn of the Sky* can redeem its flight. Let's help them write it, sing it…

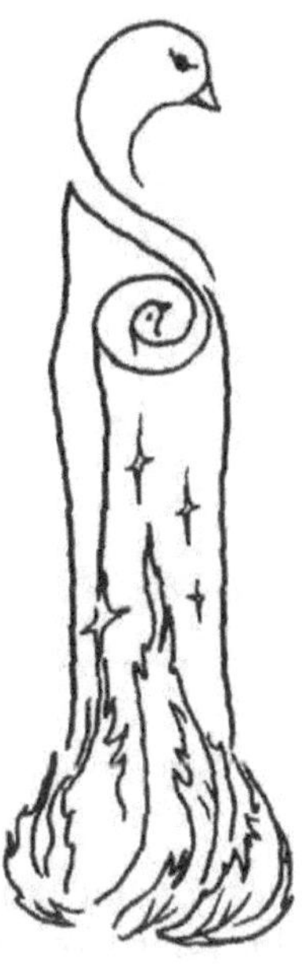

❋

a) *Pasărea Cuvântului* vrea să plece din locaşul său. O goneşte *Focul Adevărului*.

b) *Steaua Cuvântului* priveşte pasărea şi spune...

c) Doar *Imnul Cerului* îi poate reda zborul. Să-i ajutăm să-l scrie, să-l cânte...

✵

1. What does *Time* say when it passes through old candlesticks?
2. The Blue Moment of the Inspiration looks through the window of a flame. What does it say?

N.B.!

A wise person affirms that he knows what the key of our infinite looks like.

If this is its sign ∞, then we see in it, first of all, the mother's eyes, the breast, where we used to babble… What do you think?

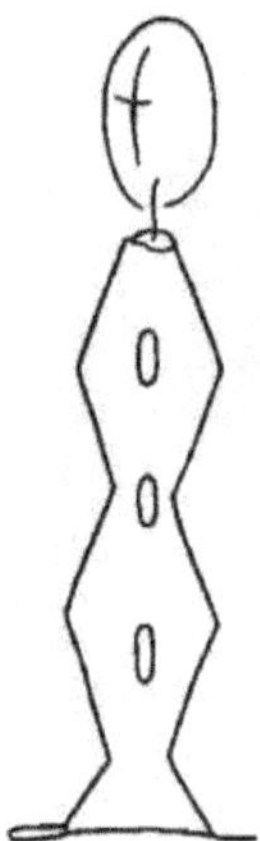

❋

1. Ce spune *Timpul* când trece prin sfeşnice bătrâne?
2. Prin fereastra unei flăcări se uită *Clipa Albastră a Inspiraţiei*. Ce spune ea?

N.B.!
Un înţelept afirma că ştie cum arată cheia infinitului din noi.
Dacă desenul ei e acesta ∞, atunci vedem mai întâi de toate în el ochii mamei, sânul la care am deprins să gângurim... Voi ce credeţi?

The Paradise and the Hell from us

❋

Comment on the drawing, thinking first of all about your deeds.

How will you trace out from words their light and their darkness?

What would you choose as an arm to be able to drive the darkness away from yourself and from around you?

Raiul şi iadul din noi

✵
Comentează desenul gândind mai întâi la faptele tale.

Dar cum vei depista lumina şi întunericul din cuvinte?

Cu ce te vei înarma ca să poţi lupta cu întunericul din tine şi din jurul tău?

❋

Look at the springs of our souls!...
These flowing lines were of different colors.
What colors belong to the parents and what colors represent the children? (Subject by Elena Găină)

❋

Priviţi la izvoarele sufletelor noastre!...
Aceste linii curgătoare erau de diferite culori.
Ce culori aparţin părinţilor şi ce culori îi reprezintă pe copii?
(subiect de Elena Găină)

The Spring of Light

N.B.!

1. Some people carry in their hearts like a wreath: musical notes, stars, thorns, a vigilant eye, flowers of…, a rainbow, an apple branch *etc*.
What are these people like?

2. I changed my heart into a violin!
When and how did the violins appear?
Write a legend.

3. Interpret the image *the Spring of Light*

Izvorul Luminii

N.B.!

1. Unii oameni poartă în inimi, ca o cunună: note muzicale, aştri, spini, un ochi veghetor, flori de... un curcubeu, o ramură de măr *etc*. Cum sunt aceşti oameni?

2. Mi-am preschimbat inima în vioară!
Cînd şi cum s-au născut viorile?
Scrieţi o legendă.

3. Interpretaţi imaginea *Izvorul Luminii*.

❋
The middle space, which has become a chalice, is nothing other than the effect of a long awaited meeting.
Who met? What do the two wings folded above want to say?[17]

The Leaf

Is the Leaf of the tree so light? We do not know what the tree says. We only know that it holds in its arms so much light…

The Leaf carries on its back the silence of the earth, the murmur of the water, the song of the heights… (Continue the series of profound secrets the Leaf guards.)

[17] The letter "î" in the Romanian language is a close central unrounded vowel sound pronounced /ɨ/.

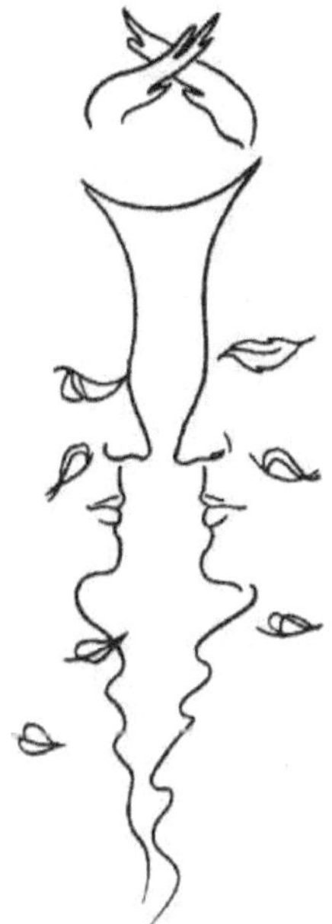

❋
Spaţiul din mijloc, devenit clipă, nu-i altceva decât efectul unei întâlniri demult aşteptate.
Cine s-au întâlnit? Ce vor să spună cele două aripi încrucişate deasupra?

Frunza

Oare să fie Frunza copacului chiar atât de uşoară? Nu ştim ce zice copacul. Ştim doar că ţine în braţe atâta lumină...

Frunza duce în spate tăcerea pământului, susurul apei, cântecul înălţimilor... (Continuaţi şirul tainelor adânci ce le păstrează Frunza).

❋
Before it started to fly, *the Bird of the Heart* went up many stairs.
How did it climb so high, where did it strengthen its wings?

❋

Până a ajuns să zboare, *Pasărea Inimii* s-a ridicat pe multe trepte.
Cum a urcat în înălţimi, unde şi-a călit aripile?

Events from the Country of the Stars

N.B.!
Read the poem *Learn from everything* (see Annexes) and write down another version in prose, revealing what you can learn from:
water,
flames,
shadow,
rock,
sun,
stone,
wind,
worm,
water lily,
stars,
cricket,
moon,
eagles,
ant,
flower,
lamb,
birds,
etc.

Întâmplări în Ţara Stelelor

N.B.!
Citiţi poezia *Învaţă de la toate* (vezi Anexe) şi scrieţi o altă variantă în proză, dezvăluind ce puteţi învăţa de la:
apă,
flăcări,
umbră,
stâncă,
soare,
piatră,
vânt,
vierme,
nufăr,
stele,
greier,
lună,
vulturi,
furnică,
floare,
miel,
păsări,
etc.

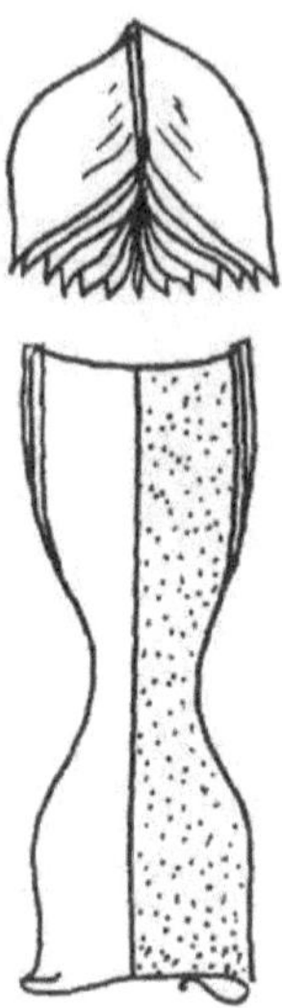

❋

Above the sandglass of the day and of the night hang the chain of words you chose. What are they?
Why did you choose them?

N.B.!
Describe a contest between two thoughts: *The Morning Thought* and *the Evening Thought*, for example.

❋

1. At the entrance of the *Country of the Words* a small sandglass, which spins the tale of the words waiting for their masters, was forgotten, and only when the tears of the words run down the ink-sandglass, can fragments of a tale just be heard whispering...
Did you manage to hear anything?

2. Each morning, when it rises, the Sun hums a melody. Write the words for that melody.

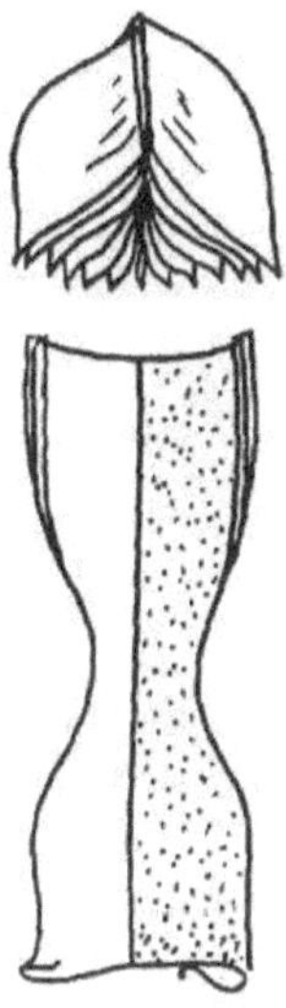

⁂

Deasupra clepsidrei zilei şi a nopţii atârnă şiragul cuvintelor alese de tine. Care sunt ele?
Pentru care prilej le-ai ales?

N.B.!
Descrieţi o întrecere dintre două gânduri: *Gândul Dimineţii* şi *Gândul Serii*, de exemplu.

⁂

1. La intrarea în *Ţara Cuvintelor* a fost uitată o mică clepsidră care deapănă povestea cuvintelor ce-şi aşteaptă stăpânii, dar numai când se scurg în clepsidra-călimară lacrimile cuvintelor, se pot auzi, abia şoptit, frânturi dintr-o poveste...
Ai reuşit să auzi ceva?

2. În fiecare dimineaţă, când se scoală, Soarele fredonează o melodie. Scrie cuvintele pentru acea melodie.

❋

a) They say that nobody has ever seen the *Goddess of Imagination.*

Try to trace her image, placing it between the wing of heights and the wing of ancestral clay (see the drawing above)

b) Draw the paths with their ascents and descents, along which *Imagination* passes by.

At your disposal will be: a couple of stars, a sky full of thoughts, a rainbow, an enchanted brush and the third eye.

❋

a) Se spune că pe *Zâna Închipuirii* (*Imaginației*) nimeni n-a văzut-o niciodată.

Încercați să conturați chipul ei, plasându-l între aripa înălțimilor și cea a humei strămoșești (vezi desenul de mai sus).

b) Trasați cărările pe care trece *Imaginația*, urcușurile și coborâșurile ei.

La dispoziția voastră vor sta: o pereche de stele, un cer de gânduri, un curcubeu, o pensulă fermecată și ochiul al treilea.

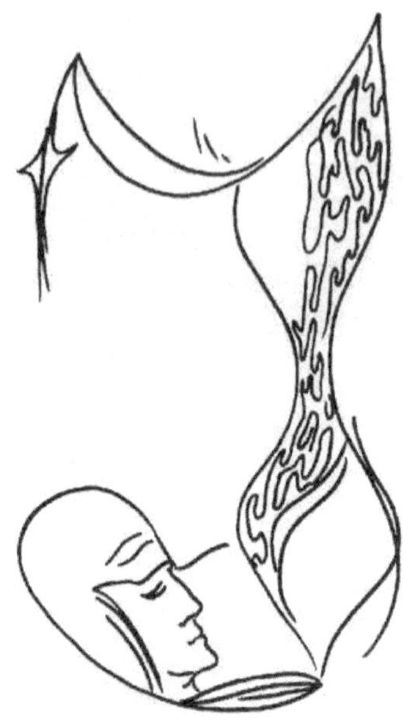

❋

a) The poet reads the page written yesterday. *Time* flows over the written page and leaves on it...

b) The *Moon* and the *Star* make a roof for the *Moment* when the poet lives and, shining, they help him reread what his heart wrote between the lines.

N.B.!
On this image is the image of your favorite writer.
What pages might he or she be rereading?

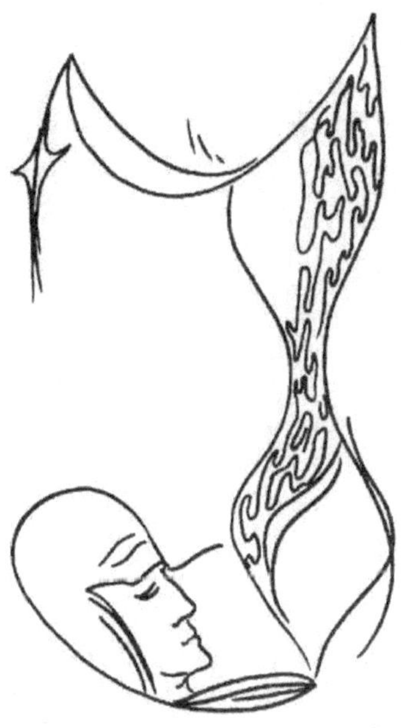

✵

a) Poetul citeşte fila pe care a scris-o ieri.
Timpul curge peste fila scrisă şi-i lasă...

b) *Luna* şi *Steaua* îi fac acoperiş pentru *Clipa* ce-o trăieşte şi, luminând, îl ajută să recitească ce-a scris inima lui printre rânduri.

N.B.!
În imagine e chipul scriitorului tău drag. Ce pagini reciteşte oare?

The Stars' Last Judgment

a) The seven stars formed the *Path of Dreams...*
b) The stars represent seven words which the Artist held as a credo for life. What are these words?
c) Explain the meanings of the image

The Holy Word
(by Dumitru Matcovschi)

It is not possible to keep silent, to keep secret a word.
Everything was word at the beginning.
The heart remains heart while it beats.
When it does not, the heart is like a clod ball.

The silent and the non silent word take their revenge.
The word is unforgiving for all eternity.
It blasts you with the blackest thunder,
not even with your child will you be able to reach understanding.

Holy is the word when the truth finds room,
not reduced to a half, not falsified.
It is holy-all-holy as that drop of water,
the infinity which found room.

La judecata aştrilor

a) Cele şapte stele au format *Cărarea Viselor...*
b) Stelele reprezintă şapte cuvinte pe care Artistul le-a avut drept crez al vieţii. Care sunt aceste cuvinte?
c) Explicaţi semnificaţiile imaginii.

Sfânt, Cuvântul
(de Dumitru Matcovschi)

Să taci, să tăinuieşti cuvântul nu se poate.
Toate au fost cuvânt la început.
Inima inimă rămâne cât mai bate.
Când nu mai bate e un boţ de lut.

Tăcut şi netăcut, cuvântul se răzbună.
Neiertător cuvântul e în veci.
Cu negru tunet, cel mai negru, te detună,
nici chiar cu pruncul tău să te-nţelegi.

E sfânt cuvântul adevărul când încape,
neînjumătăţit, neprefăcut;
E sfânt-preasfânt ca picătura cea de ape,
imensitatea care-a încăput.

A Literary Journal

In order to enhance your creative abilities, constantly make notes in a notebook:
a) Define the lived days.
b) Draw the symbol of each day and notice what sign your days stand under.

A Voyage Journal

The voyage journal could be a real one, but also an imaginary one: journeys into space, in time, in countries invented by you...

A Soul Journal

Write a tale you heard in the *Country of Toys.*

N.B.!
1. What could Prometheus possibly write in his diary?
2. What notes could Pandora have taken after she opened the box?

Jurnal literar

Pentru a-ţi dezvălui mai bine capacităţile creatoare, fă permanent însemnări într-un caiet:
a) Defineşte zilele trăite.
b) Desenează simbolul fiecărei zile şi observă sub ce semn stau zilele tale.

Jurnal de călătorie

Jurnalul de călătorie poate fi unul real, dar poate fi unul imaginar: călătorii în spaţiu, în timp, în ţări inventate de tine...

Jurnal de suflet

Scrie o poveste auzită în *Ţara Jucăriilor*.

N.B.!
1. Ce-o fi scris în jurnalul său intim Prometeu?
2. Ce însemnări o fi făcut Pandora după ce a deschis cutia?

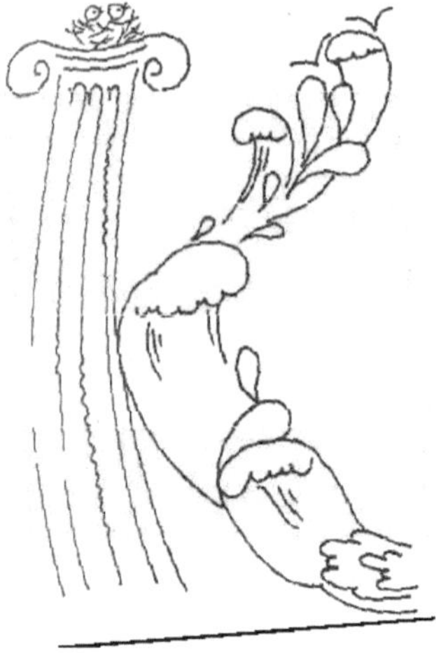

On the wave of remembrances we avert our thought to our parents' childhood… On the column of time (remembrances, dignity, day, *etc*.) we can still place…

+

Pe valul amintirilor ne întoarcem cu gândul la copilăria părinţilor noştri... Pe coloana timpului (amintirilor, demnităţii, yilei, *etc.*) mai putem aşeza...

Ion Guţu *"The Legend about Icarus"* (model)

Ion Guţu *"The Legend about Icarus"*

Look carefully at the model *"The Legend about Icarus" ("Legenda despre Icar")* by Ion Guţu [18] and compare it to the finished work established in Constanţa[19]. Find differences but also associations between this monumental work and the word/words.

What is the relationship between this work from Constanţa and "*The Master Builder Manole*" ("*Meşterul Manole*") or Jesus of Nazareth crucified?

---

[18] Ion Guţu (1963-1999) artist, sculptor from the Republic of Moldova. Some of his works include "The Wrestling Match" ("Trânta"), "The Echo of War" ("Ecoul Războiului"), "The Rape of Europe" ("Răpirea Europei"), "Centurion" ("Centurion"). For more information about Ion Guţu go to: www.arta.md/cv/gutu-ion2.pdf

[19] Constanţa, city in Eastern Romania, on the western coast of the Black Sea. Ion Guţu's abstract composition "The Legend about Icarus" ("Legenda despre Icar") is raised in Constanţa, Romania, in a place called "The Lovers' Island" ("Insula Îndrăgostiţilor").

Ion Guţu *"Legenda despre Icar"* (machetă)

Ion Guţu *"Legenda despre Icar"*

Priviţi cu atenţie machete lucrării *"Legenda despre Icar"* de Ion Guţu şi comparaţi-o cu lucrarea instalată la Constanţa. Găsiţi diferenţele dar şi asociaţiile între lucrarea monumentală şi cuvânt/cuvinte.

Ce legătură ar putea avea această lucrare cu *"Meşterul Manole"*, dar cu Isus crucificat?

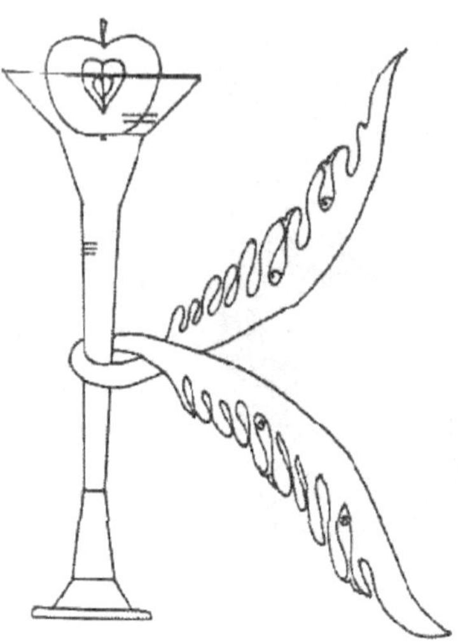

My thought detached itself from *The Goblet of Knowledge*. I would like to know…

Adam left his thought in *The Goblet of Return*, but…

Look for other appropriate symbols for *The Goblet of Light, The Goblet of Expectations, The Goblet of Pursuits, The Goblet of Dusk, etc.*

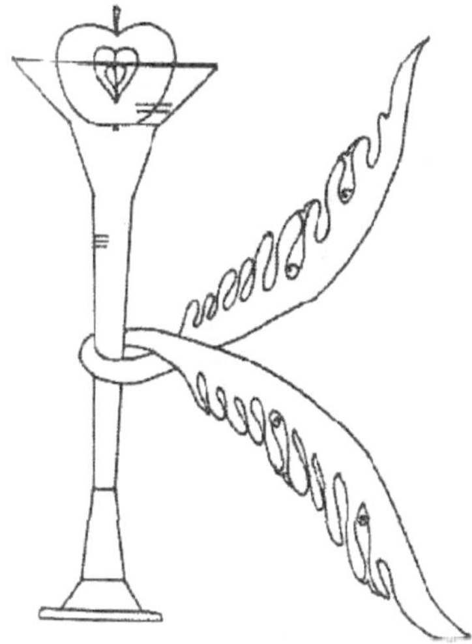

Din *Cupa cunoaşterii* s-a desprins gândul meu. Vreau să ştiu…

În *Cupa întoarcerii* şi-a lăsat gândul Adam, dar…

Căutaţi alte simboluri potrivite pentru *Cupa Luminii*, *Cupa Aşteptărilor*, *Cupa Căutărilor*, *Cupa Înserării*, *etc*.

Have you ever listened to the cry of a bird whose tears go upward?
What does it say? And its tear?

Ai ascultat vreodată plânsul păsării ale cărei lacrimi cad în sus? Ce spune ea? Dar lacrima ei?

❋
What does the Moon do with the tears (the dreams, the thoughts) of the evening?

What does it do with the ancestors' melodies?

❋

Ce face Luna cu lacrimile (visele, gândurile) serii?

Dar cu melodiile străbunilor?

Models for the Alphabet of Light

The star swings its dream and...

Listen carefully to the *Song of Fire Tongues* and of the *invisible Flute of Time* and write about them.

Mostre pentru Alfabetul Luminii

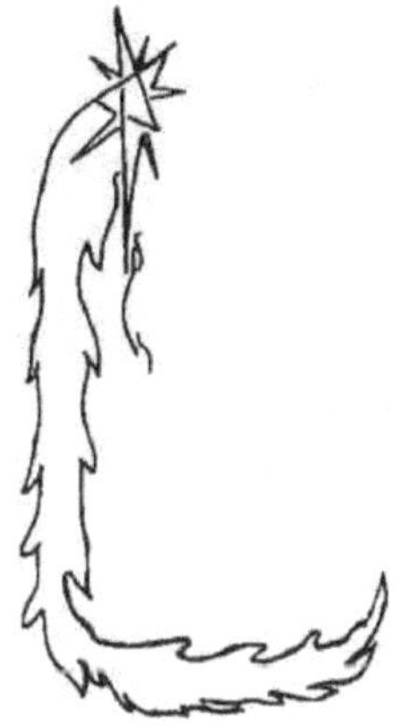

Steaua îşi leagănă visul şi…

Ce ai vrea să-ţi spună steaua care a cunoscut literele vremii?

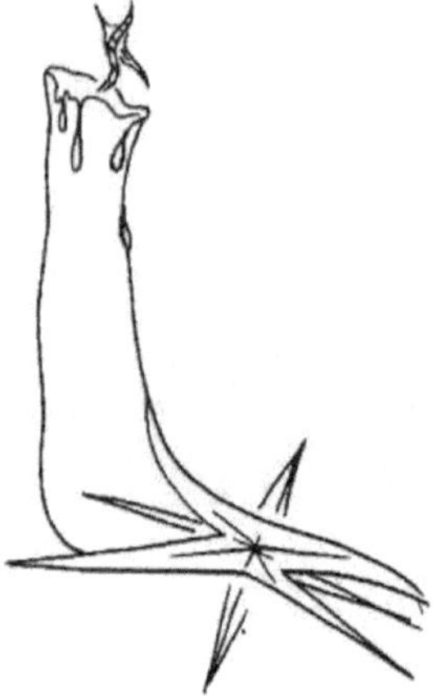

What would you like the star that knew the letters of time to tell you?

What waters does the boat of these two moments sail in?

Ascultă atent *Cântecul Limbilor de Foc* şi *Fluierul nevăzut al Timpului* şi scrie despre ele.

În ce ape pluteşte corabia acestor două clipe?

❋

Birds were flying above the Carpathian Mountains. Each day they sang different melodies (seven melodies).

Listening to these melodies our ancestors learned how to imitate the songs a..., e..., i..., o...,u...

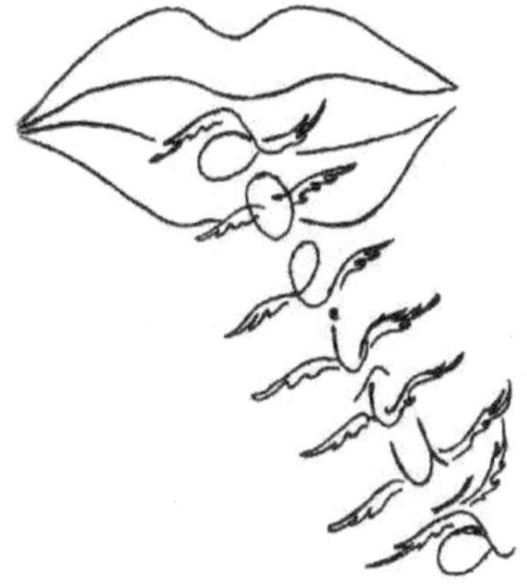

❋

Deasupra Carpaţilor zburau nişte păsări care cântau în fiecare zi melodii diferite (şapte melodii).

Auzind melodiile, străbunii noştri au învăţat să îngâne cântecele a..., e...., i..., o..., u..., î..., ă...

N.B.!
The song “A-a-a...” is sung over the cradle, the song “E-e-e”, the song “I-i-i”, the song “O-o-o”, the song “U-u-u”…

The Romance languages (Romanian, Italian, French, Spanish, Portuguese…) are very sonorous.

Who kept the vowels of our language? How were they kept? Was it the wind? Or the sea?

N.B.!
Cântecul "A-a-a..." se cântă deasupra leagănului, cântecul "E-e-e...", cântecul "I-i-i...", cântecul "O-o-o...", cântecul "U-u-u..."

Limbile romanice (româna, italiana, franceza, spaniola, portugheza) sunt foarte sonore.

Cine şi cum a păstrat vocalele limbii noastre?
Poate vântul? Poate marea?

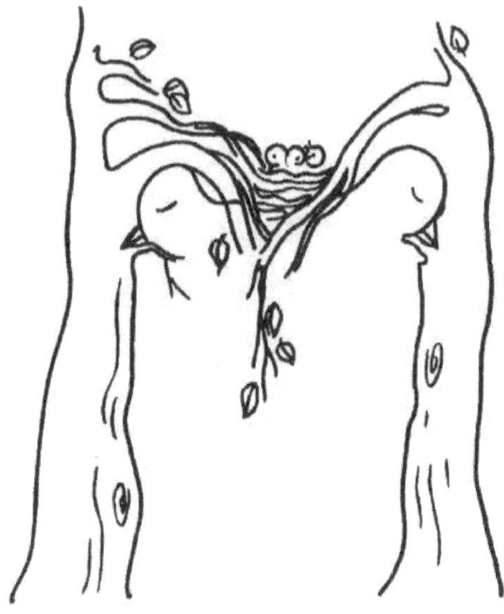

a) Two birds with a tree soul (they're called *Yesterday* and *Tomorrow*) hold on their back the *Nest* with the dreams of *Today*. In this nest, I...

b) In the nest of these three thoughts I found a place for myself. I could not believe that...

N.B.!

1. In the *Museum of Moments* is the *Second* that I am living now... It...

a) What objects could be displayed in the *Museum of Talking Moments*?

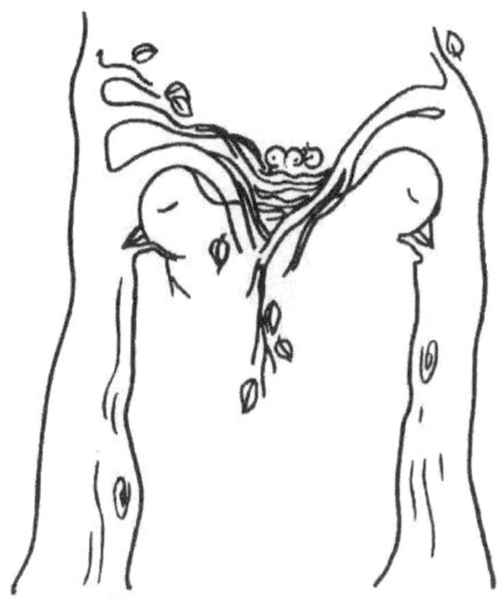

a) Două păsări cu sufletul de arbori (se numesc *Ieri* şi *Mâine*) ţin în spate *Cuibul* cu visele lui *Azi*. În acest cuib, eu...
b) În cuibul celor 3 gânduri mi-am făcut şi eu un loc. Nu credeam că...

N.B.!
1. În *Muzeul Clipelor* e şi *Secunda* ce o trăiesc acum... Ea...
a) Ce obiecte ar putea fi expuse în *Muzeul Clipelor Vorbitoare*?

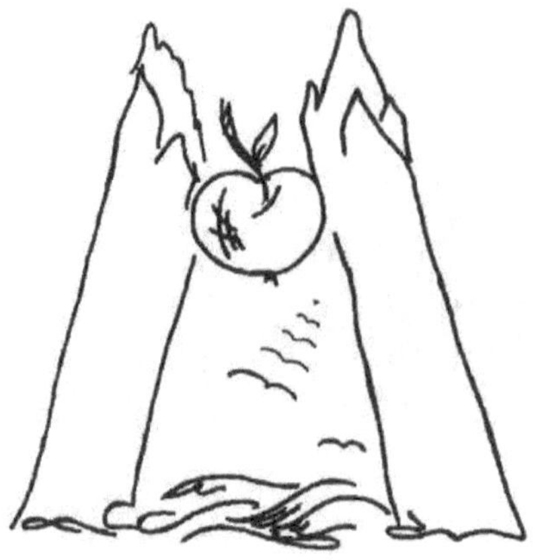

❋

Fallen between two mountains, what else can the apple of discord bring to us?
Somebody wanted to make a bridge out of it, but...

N.B.!

1. How and from what materials can we raise a *Monument of the Soul*?
2. If the ancient heroes could come back from myths, what would you say to them?

a) What if you meet Pluto one day?..

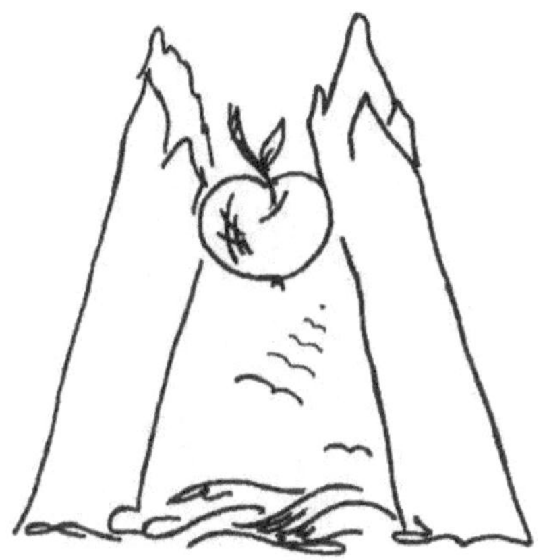

❋

Căzut între doi munţi, mărul discordiei ce surprize ne mai poate aduce?

Cineva a vrut să facă din el punte, dar...

N.B.!

1. Cum şi din ce am putea înălţa un Monument Sufletului?
2. Dacă eroii antici ar putea reveni din mituri, ce le-ai spune?

a) Dacă într-o zi te-ai întâlni cu Pluto?..

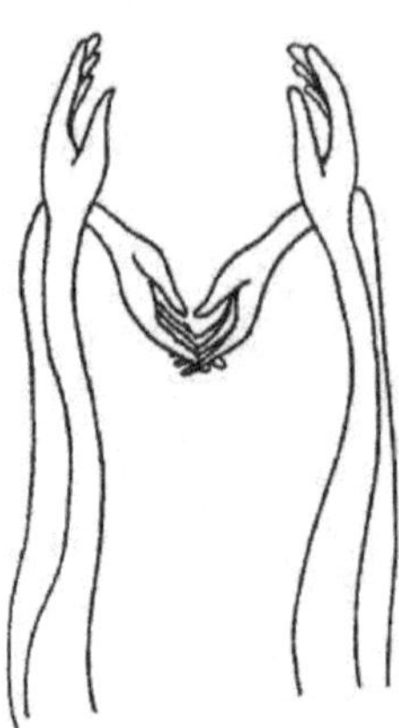

If these are the hands of Ana and Manole [20], what are they praying for?

...They are tired and when one is praying, the other listens...

Manole cries and the sky winces...
Ana whispers and the sunset...

[20] In Romanian mythology, Meşterul Manole is the architect of the Curtea de Argeş Monastery in Wallachia. His wife, Ana, was built within the walls of the monastery so that the walls could not fall apart. When the work was finished, the ruler Radu Vodă stranded Manole on the roof of his construction so that he could never build a better monastery. Manole jumps off the roof and dies. The place where he fell, a clear spring appeared. Many Romanian writers used this motif in their works.

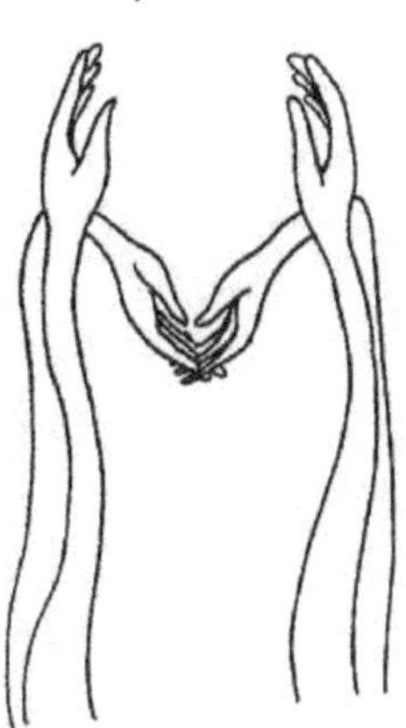

Dacă acestea sunt mâinile Anei şi ale lui Manole, pentru ce se roagă ele?

... Au obosit şi când unul se roagă, celălalt ascultă...
Strigă Manole şi Cerul tresare...
Murmură Ana şi apusul de soare...

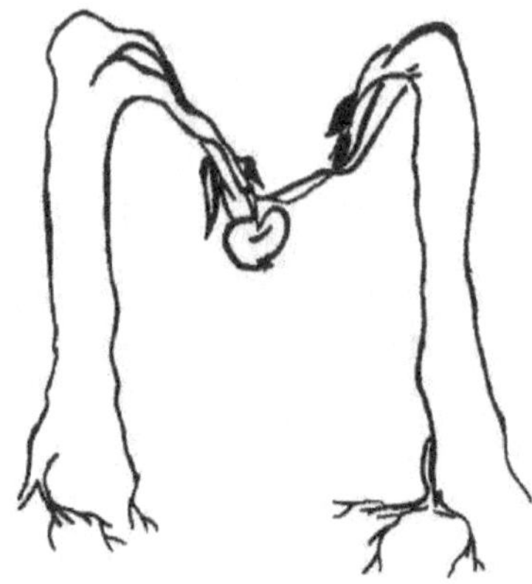

❋

In order to be forever young, the Gods were eating apples.
From the seeds left after the Gods' feast people planted the *Garden of Knowledge...*
What was their purpose in doing so?

N.B.!
From the grown apple tree... the *Garden of Freedom* and then the *Spirit* can rise again...

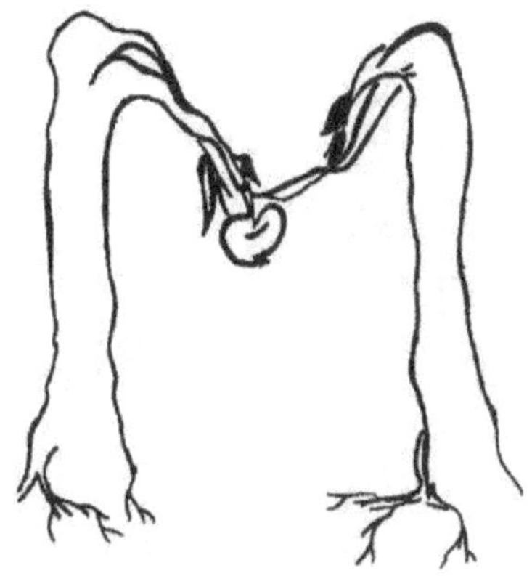

❋

Pentru a fi veşnic tineri, Zeii mâncau mere.
Din seminţele rămase de la ospăţul Zeilor oamenii au sădit *Grădina Cunoaşterii...*
În ce scop?

N.B.!
Din mărul crescut... poate să renască *Grădina Libertăţii* şi atunci *Spiritul...*

Two trees grew close to each other and one spring they realized that they had each to tell people the same words:
a) All the words started with an "M".
b) All the words were from yesterday.
c) All the words were blue, *etc*.
d) At the *Mill of Time*...

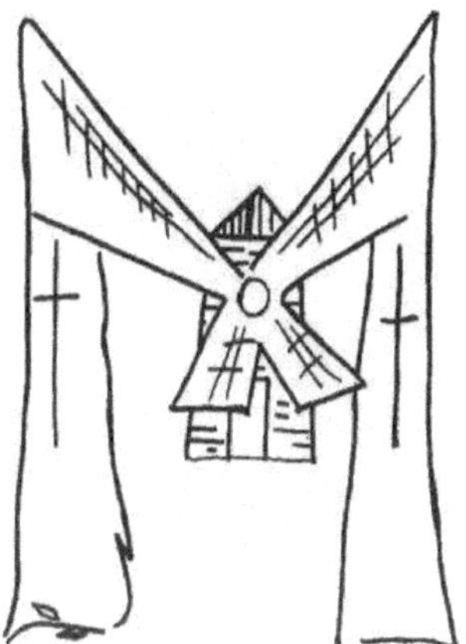

Doi arbori au crescut aproape unul de altul şi într-o primăvară au înţeles că au de spus oamenilor unele şi aceleaşi cuvinte:
a) Toate cuvintele începeau cu "M".
b) Toate cuvintele erau din ziua de ieri.
c) Toate cuvintele erau albastre, *etc*.
d) *La Moara Timpului*...

❋

By looking carefully at the image, you can decipher two words.

a) …Here is how the Mother comes to us from time (the time – the mountains, the waves…)
The wings of time seem to protect her face…
Her praying hands write on the sky…

b) The word Father is also written… Through what detail is He brought to the meeting in the universe?

❋

Privind cu atenţie imaginea, veţi descifra două cuvinte...

a) ... Iată cum Mama vine din timp către noi (timpul – munţii, valurile...)
Aripile timpului parcă-i ocrotesc chipul...
Mâinile-i rugându-se, scriu pe cer...

b) E scris şi cuvântul Tata... Prin ce detaliu e adus la întâlnirea din univers?

❋

1. Build a monastery out of the words said by Ana to Manole before the Departure, and another one – after their Departure.

2. On one of the monastery towers built by Manole, time rebuilt a well and named it…

3. Only in this well can we find the *Creative Spirit*.
But how can we approach this well?

❋

1. Zidiţi o mănăstire din cuvintele spuse de Ana şi Manole înainte de Plecare, alta – după Plecarea lor.

2. Pe unul din turnurile mănăstirii zidite de Manole, timpul a reclădit o fântână şi a numit-o...

3. Numai în ea găsim *Apa Spiritului Creator*.
Dar cum putem să ne apropiem de această fântână?

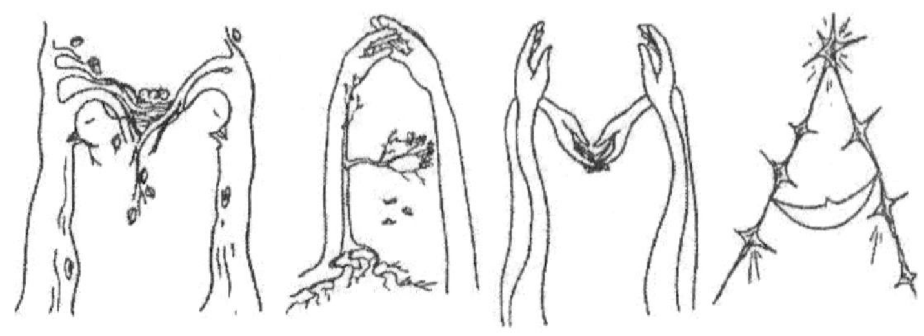

N.B. !
What is the poem of the word *Mother* about?

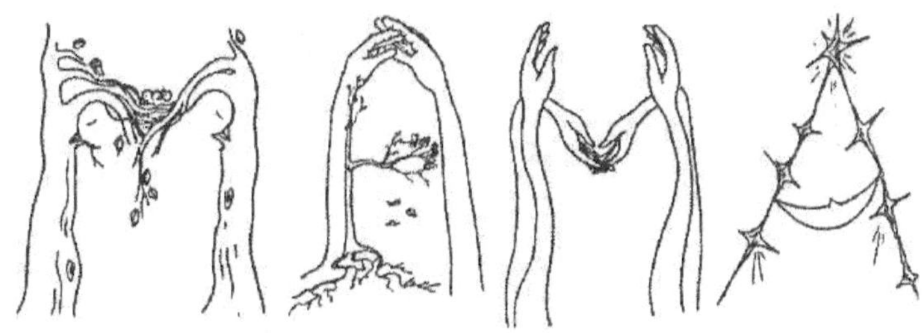

N.B. !
Descifrați poezia cuvântului *Mama*.

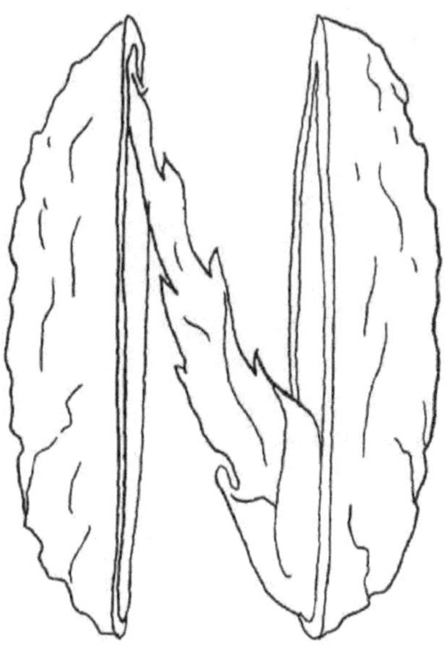

❋

While it is on the branch, the walnut ripens. Once it gets into the ground, the kernel splits its shell (house) in two…

a) Keep up a dialogue with it about the magic of this moment…
b) Write down the tale of the four brothers from the House of the Walnut.
c) I attended the Congress of the walnut trees. This is how it proceeded…
d) Who heard the song of the walnut tree?
e) The walnut trees from along the road…

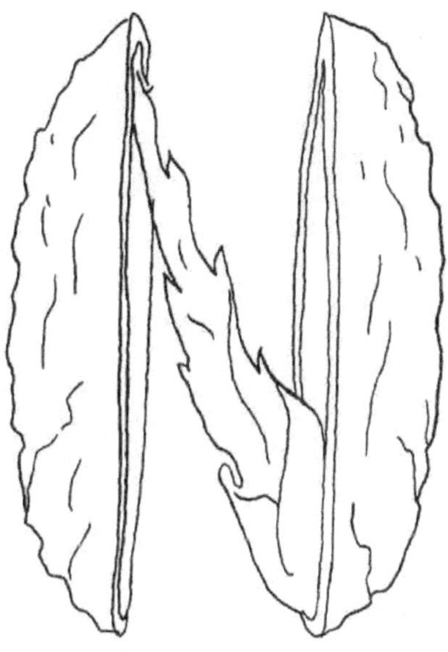

❋

Cât stă pe ram, nuca se coace. Cum ajunge în pământ, miezul își desface cămașa (casa) în două...

a) Întreţineţi cu ea un dialog despre farmecul acestei clipe...

b) Scrieţi povestea celor patru fraţi din *Casa Nucii*.

c) Am fost prezent la Congresul copacilor de nuc. Iată cum s-a desfășurat...

d) Cine a auzit cântecul nucului...

e) Nucii de la margine de drum...

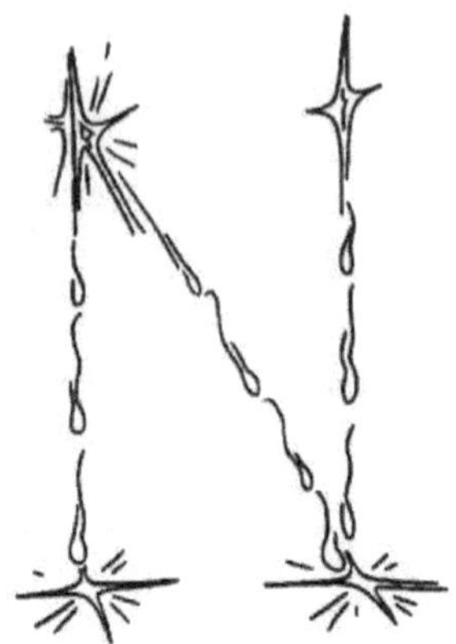

❋

Use the graphical image and the written images to penetrate into the secrets of the two stars: the fortune of the stars, their suffering, the kerchief of time woven out of…, the wedding of the stars, the birth of the stars, *etc*.

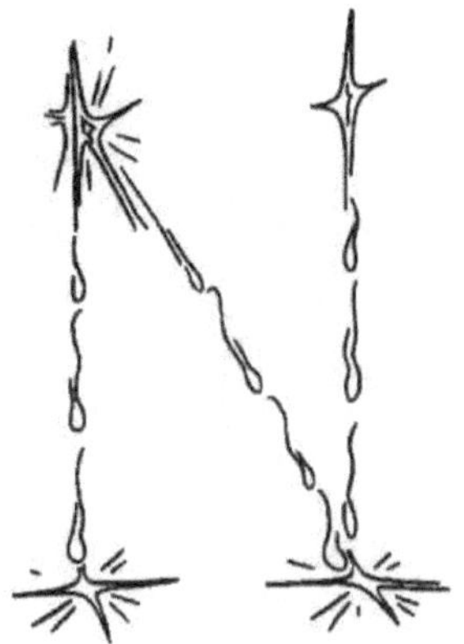

❋

Foloseşte imaginea grafică şi imaginile scrise pentru a pătrunde în tainele celor două stele: norocul stelelor, necazul lor, năframa timpului ţesută din..., nunta stelelor, naşterea stelelor *etc*.

N.B.!

1. The night hid itself in a candle, but the nail of evils found it and…

2. They say that there are “trifles which shine”. They are sweet, bitter… From them… grows.

N.B.!
1. Noaptea s-a ascuns într-o lumânare, dar a găsit-o cuibul relelor şi...

2. Se spune că sunt "nimicuri ce luminează". Ele sunt dulci, amare... Din ele... creşte.

❋
Pascal said: “I am nothing but a thinking reed”…
What is said by the stars that descended on the trees that have their roots thrust deep into the field of our homeland?

*

Pascal spunea: “Nu sunt decât o trestie gânditoare”...
Ce zic stelele coborâte pe arborii cu rădăcini adânc împlântate în ţarina moşiei noastre?

The Life of Words
(subject by Elena Găină)

a) Choose the words you most love and try to put them together into a text.
b) Write an essay (a short treatise) about the *Birth of the Words*.
c) What does the *Death of the Words* mean?
Imagine that you are a witness to the *Death of a Word…*

N.B.!
Attach to the *Balance of the Night*:

a) your dreams,
b) the thoughts of the dawn,
c) the melancholy evening song,
d) the joy of the springs,
e) the thought of a star,
f) the fire of words unspoken,
g) the whispers of the trees,
h) the sorrow of the roads.

Write about them.

Viața Cuvântului
(subiect de Elena Găină)

a) Alege cuvintele dragi şi caută să le aduni într-un text.
b) Scrie un eseu (mic tratat) despre *Naşterea Cuvintelor*.
c) Ce înseamnă *Moartea Cuvintelor*?
Închipuieţi că asişti la *Plecarea* unui *Cuvânt*...

N.B.!
Prinde de Cântarul Nopţii:

a) visele tale,
b) gândurile zorilor,
c) doina înserării,
d) bucuria izvoarelor,
e) gândul unei stele,
f) focul cuvintelor nespuse,
g) şoaptele copacilor,
h) necazul drumurilor.

Scrie despre ele.

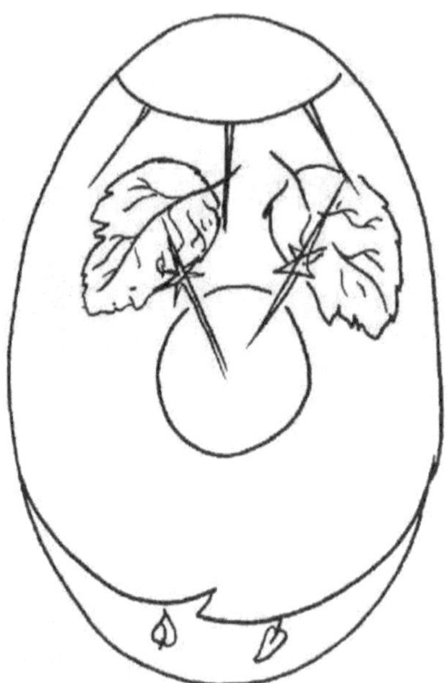

The Evening Clock

❋

The *Morning Clock* brings us on its wings the dream about…, the legend with…, the fairy tale of the *Enamored Moon*…, the destiny of the two evening stars…, the myth about the cosmic egg…

N.B.!

1. In order to unveil the meaning of the graphical images, we propose some reference words: eyes, glance, clock, protection…

2. Write the *Tale of the talking clouds*.
Once upon a time a cloud…

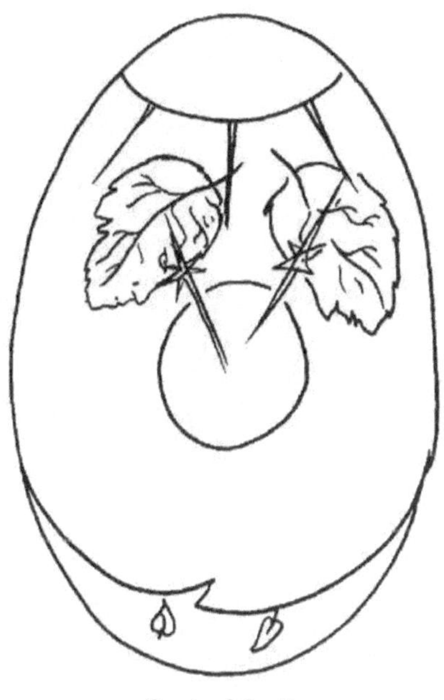

Ornicul Serii

✵

Ornicul Dimineții ne aduce pe aripile sale visul despre..., legenda cu..., basmul *Lunii îndrăgostite*..., destinul celor doi luceferi..., mitul despre oul cosmic...

N.B.!

1. Pentru a dezvălui sensul imaginii grafice, se propun cuvinte de reper: ochi, ochire, ornic, ocrotire...

2. Scrie *Povestea norilor vorbitori*.
Odată un nor...

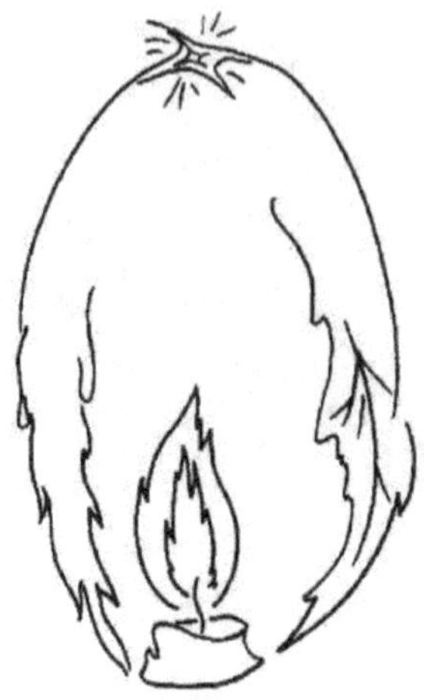

❋

My guardian star rose up on the dome of the universe.
I talked with it in my thoughts, and then…

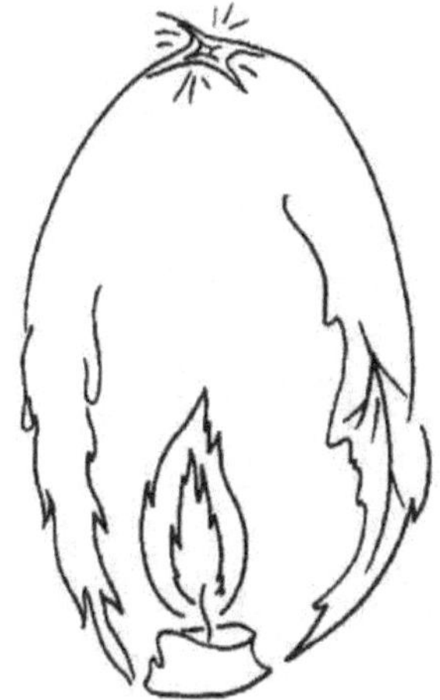

❋
Pe cupola universului a răsărit steaua ce mă ocrotește.
Am discutat cu ea în gând, apoi...

The Mirror of Autumn

❋

Autumn carries a mirror.
One after the other, the following look in it:
the leaf,
the river,
the star,
the plain,
the grass,
the sun beam,
the cloud,
the tower of the fortress,
the hill,
the poet,
the vine,
the threshold of the house…

Oglinda Toamnei

❋

Toamna poartă o oglindă. Rând pe rând, se uită în ea:
frunza,
râul,
steaua,
câmpia,
iarba,
raza de soare,
norul,
turnul cetăţii,
dealul,
poetul,
via,
pragul casei...

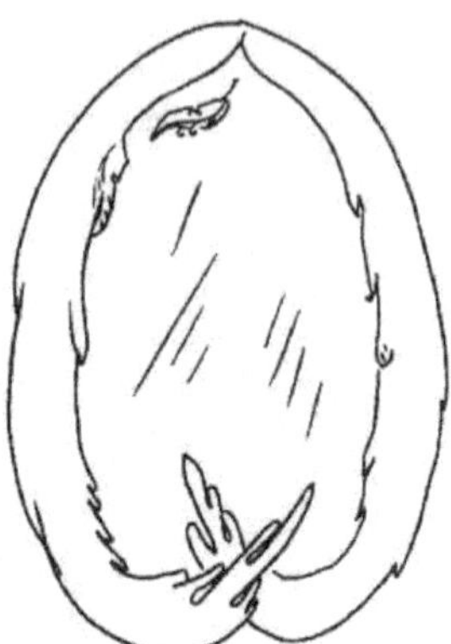

The Mirror of Time

N.B.!
When you wash your face (the *Thought*, the *Word*)
a) in the *Mirror of the Day…*
b) in the *Mirror of the Night…*
c) in the *Mirror of the Tear…*
d) in the *Mirror of the Dew Drop…*
e) in the *Mirror of the Star…*
f) in the *Mirror of Time…*

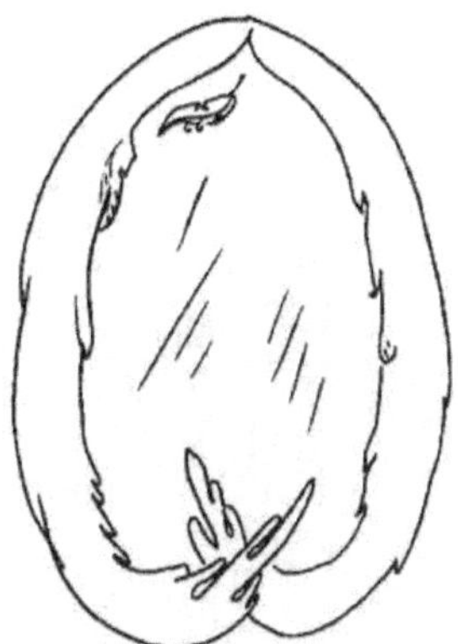

Oglinda Timpului

N.B.!
Când ne scăldăm faţa (*Gândul, Cuvântul*)
a) în *Oglinda Zilei...*
b) în *Oglinda Nopţii...*
c) în *Oglinda Lacrimii...*
d) în *Oglinda Boboului de Rouă...*
e) în *Oglinda Stelei...*
f) în *Oglinda Timpului...*

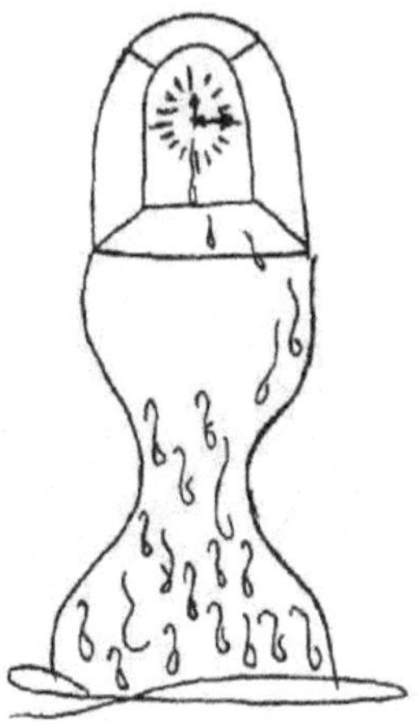

The Time Clock

✵

a) From the *Time Clock* descend… (moments, thoughts, wings of words *etc.*) and they tell me…

b) Write a letter of thanks (revolt *etc.*) for the *Time Clock.*

N.B.!
If the stars talk (sing, cry, carol…) who listens to them?

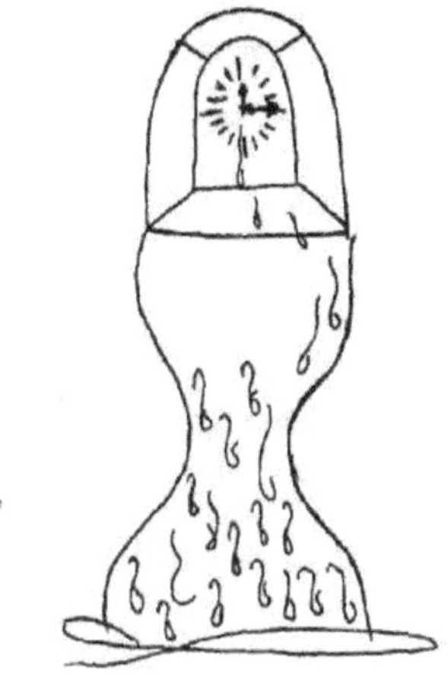

Ornicul Timpului

❋

a) Coboară din *Ornicul Timpului*... (clipe, gânduri, aripi de cuvânt *etc.*) şi-mi spun...

b) Scrieţi o scrisoare de mulţumire (revoltă *etc.*) pentru *Ornicul Timpului.*

N.B.!
Dacă stelele vorbesc (cântă, plâng, colindă...), cine le ascultă?

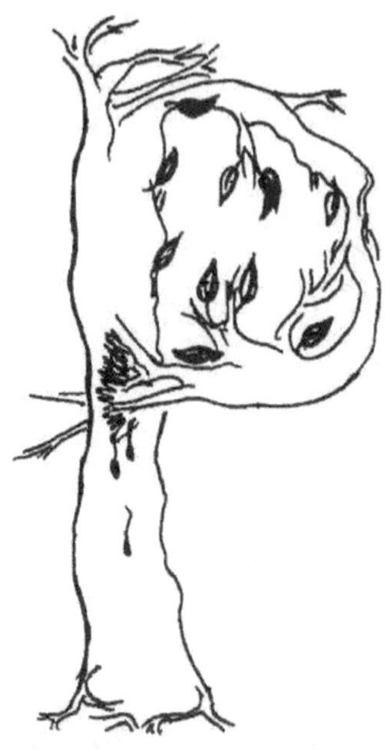

❋

When the day meets the Night, we can hear the *Tale of the talking trees*. This happens once a year.
Reproduce the event. Write down the story.

N.B.!
On the *Canvas of Time* the fir branch (or that of the linden, oak, acacia, walnut *etc.*) writes pure thoughts…
It brought from the mountains the *Thought*…
But we…

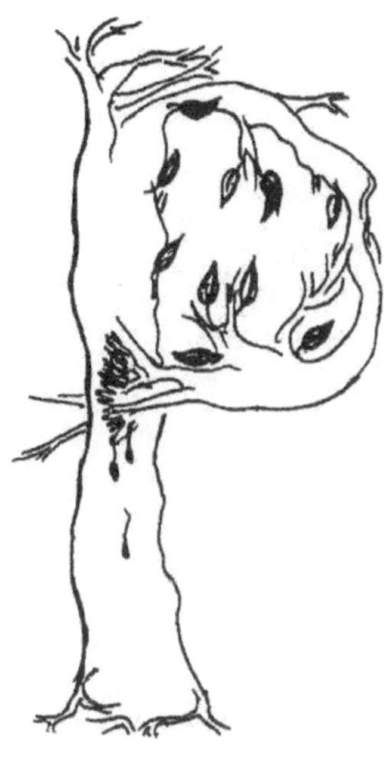

✵

Când Ziua se întâlneşte cu Noaptea, putem asculta *Povestea arborilor vorbitori*. Aceasta se întâmplă o dată pe an. Redaţi întâmplarea. Scrieţi povestea.

N.B.!
Pe *Pânza Vremii* creanga de brad (tei, stejar, salcâm, nuc *etc.*) gânduri curate scrie...
A adus din munţi *Gândul*...
Iar noi...

❋

1. How can we build *Small Bridges of Return*, when each of us has a specific blend of words?

2. What grows from wells?..
From wounds?..
From the sky?..
But from words?..
From the eyes?..
From yesterday?..
From the windows?..
From the days to come?..

⁂

1. Cum putem construi *Punțile Revenirii*, fiecare dintre noi având un aliaj specific de cuvinte.

2. Din fântâni ce cresc?..
Din răni?..
Din cer?..
Dar din cuvinte?..
Din ochi?..
Din ziua de ieri?..
Din ferestre?..
Din zilele ce vin?..

Birth from a point

❋

From one point a bird was born, from another – a flower, from the third – a leaf, but from the fourth place – a cloud.
Unite these points in a legend.

N.B.!
Look for more points in the Universe and write the *Tale of Quests.*

Naştere din punct

❋

Dintr-un punct s-a născut o pasăre, din altul – o floare, din al treilea – o frunză, iar din al patrulea - un nor.
Uneşte aceste puncte într-o legendă.

N.B.!
Caută mai multe puncte în Univers şi scrie *Povestea căutărilor.*

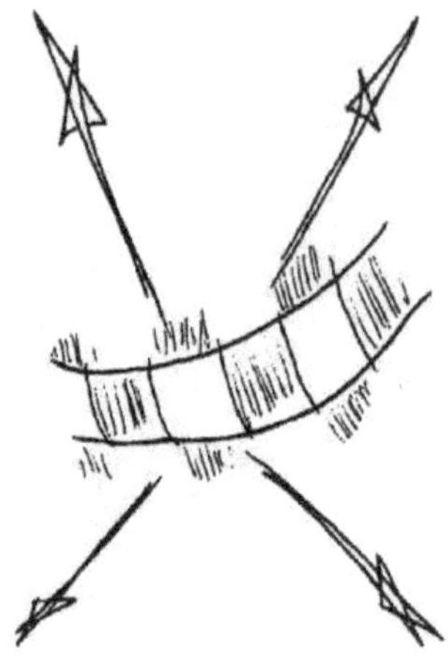

❋

Four stars support an *Astral Bridge* with their beams. Our stellar Moments use it to cross to the *Storehouse of Time*.

a) Let's rake up piles of memories and see what they look like.

b) What kind of small bridges would you like to raise, my friend?

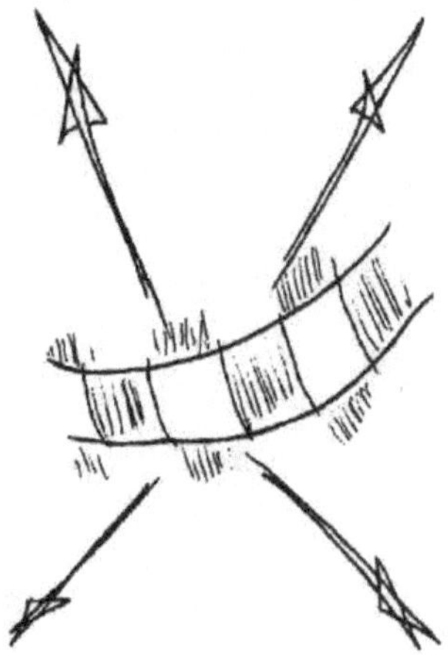

❋

Patru stele sprijină cu razele lor o *Punte Astrală*. Pe ea trec spre *Depozitul Timpului* Clipele noastre stelare.

a) Să răscolim vraful de amintiri şi să vedem cum arată ele.

b) Ce fel de punţi ai vrea să ridici tu, prietene?

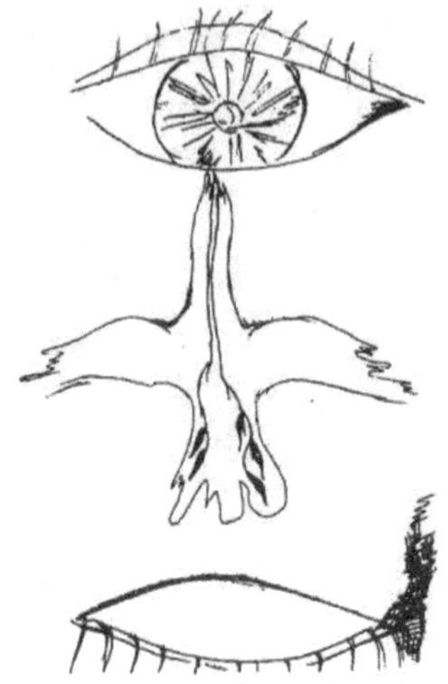

The Bird from the soul of my parents

Joy sends the bird
Leaping ever higher
Its wings write the word
That its flights inspire

When my soul is the flier
My caress is my song
My wing drives me higher
Guiding my pen along.

(Rabindranath Tagore)

N.B.!
Using words, lines and colors draw the Bird that flies from the soul of your parents.

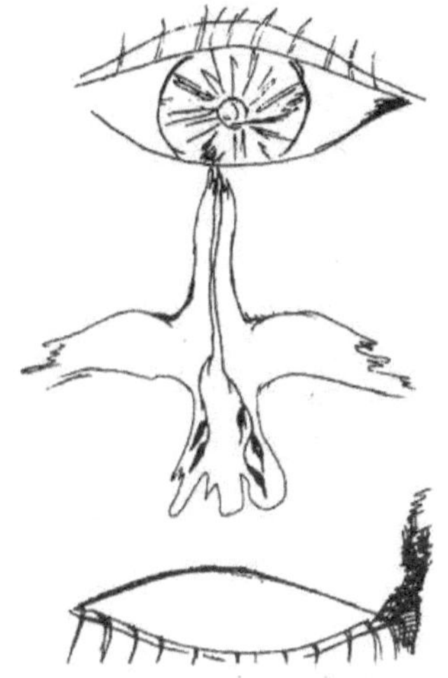

Pasărea din sufletul părinţilor mei

Saltând de bucurie
şi tot mai sus zburând,
o pasăre îşi scrie
cu-aripile un cânt.

Când sufletul meu zboară,
cântarea mi-i alint
şi-avântul din aripă în pana mea îl simt.

(Rabindranath Tagore)

N.B.!
Desenaţi în cuvinte, linii şi culori Pasărea din sufletul părinţilor voştri..

1. Between earth and sea, the bird…

2. The Wave has froth and is transient, the Fir has thorns and its thought is eternal…

N.B.!
Continue the series of contrasts entitled “Life”.

1. Între pământ şi mare pasărea…
2. Valul e cu spume şi e trecător, Bradul e cu ghimpi, gând nemuritor…

N.B.!
Continuaţi şirul contrastelor cu denumirea "Viaţa".

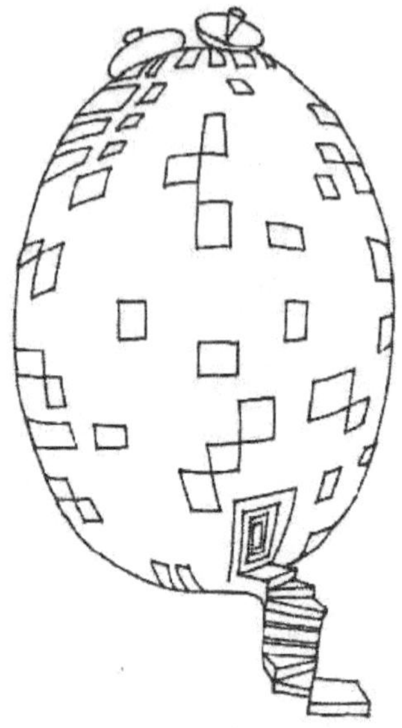

In *The Deposit of Time* I am trying to arrange things… Describe the interior of this room.

The Alarm Clock of Spring (the Soul, Thoughts) is striking and…

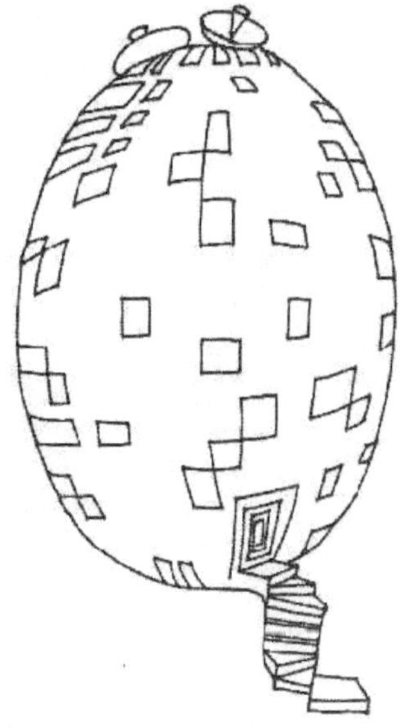

În *Depozitul timpului* încerc să ordonez lucrurile... Descrie interiorul acestei încăperi.

Deşteptătorul primăverii (sufletului, gîndurilor) sună şi...

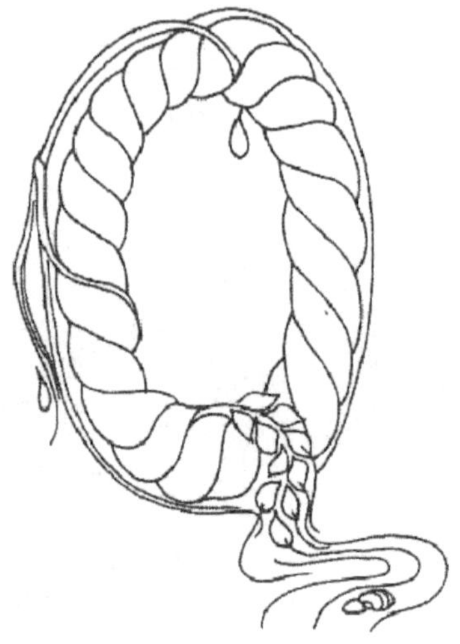

1. We interweave everyday thoughts, deeds and words.
We need to have the mirror of the moment which calls us forward.

2. A drop…

N.B.!
Interweave from several sentences popular rites where the twist[21] is present.

[21] Twist (in Romanian "Colac") a knot-shaped bread used at Romanian ceremonies such as weddings, welcoming parties, *etc*. The twist is a symbol of plenitude, fullness, richness in Romanian proverbs: If there is no twist, bread is also good. (*Dacă nu e colac e bună si pâinea*).

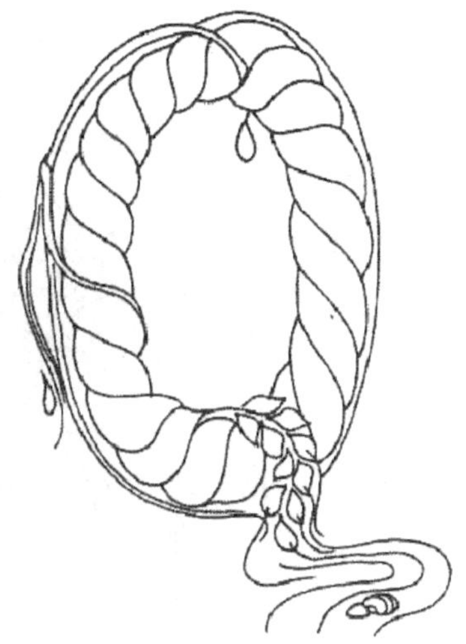

1. Împletim în orice zi gânduri, fapte şi cuvinte.
Să avem oglinda clipei ce ne cheamă înainte.

2. O picătură…

N.B.!
Împletiţi din câteva propoziţii ritualurile populare în care este prezent colacul.

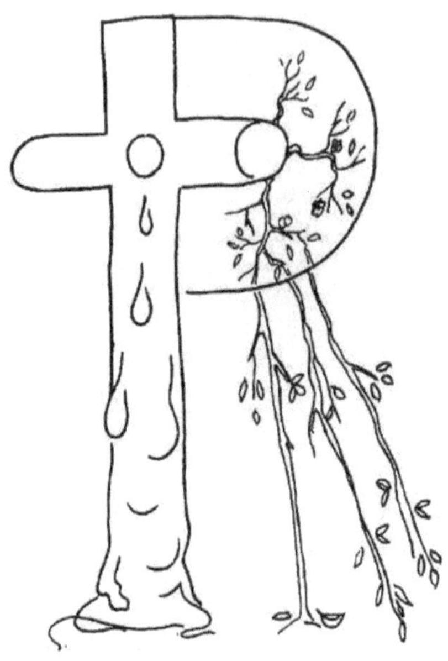

❋

We are in the presence of the ritual of moments falling down like dew over… (my soul, the flower from the garden…)

✵
Suntem de faţă la ritualul căderii clipelor de rouă peste... (sufletul meu, floarea din grădină...).

From the universe of the roots descend beams or a river of words which never sets in the soul…

Din universul rădăcinilor raze coboară sau râul de cuvinte ce-n suflet ne-asfinte…

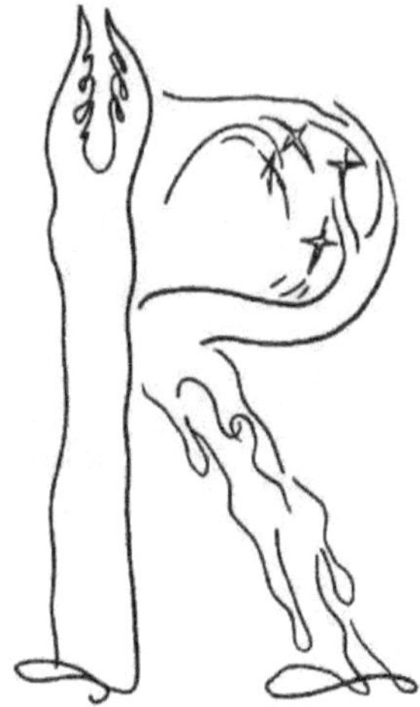

In the space created by the crown of the tree, four stars look for an answer to a question.

What is the question?

N.B.!
Many rituals come into being and die.
a) What are the rituals of your Soul?
b) Draw in words (or graphically) the ritual to which you are attached.

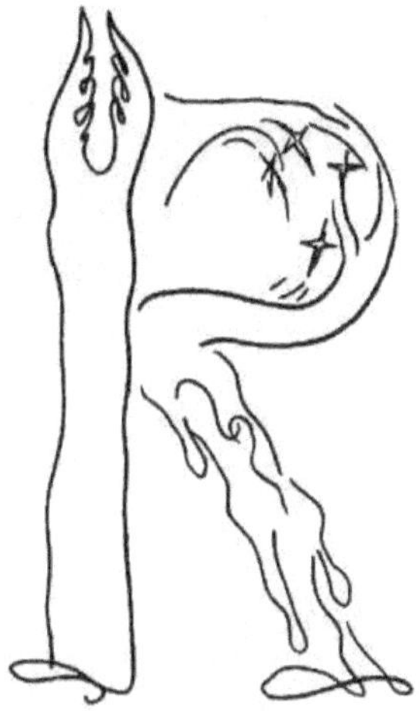

În spaţiul creat de coroana copacului, cele patru stele caută răspuns la o întrebare.

Care este ea?

N.B.!
Multe ritualuri se nasc şi mor.
a) care sunt ritualurile Sufletului tău?
b) Desenează în cuvinte (sau grafic) un ritual la care ţii.

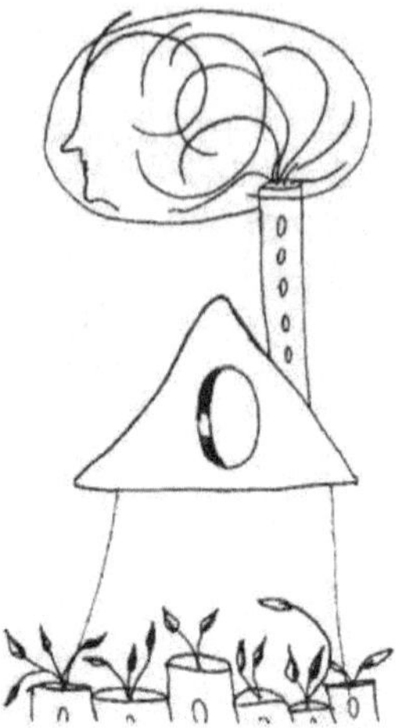

The Melodies (Rituals) of the Blue House

An unusual *Blue House* rises beyond the *Mountains of the Blue Dreams*.
You just crossed the mountains and live in it.
Write a few melodies heard in the *Blue House*.

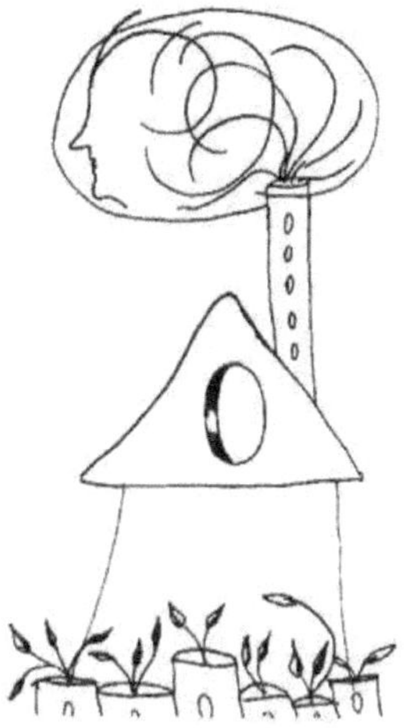

Melodiile (Ritualurile) Casei Albastre

O neobişnuită *Casă Albastră* se înalţă dincolo de *Munţii Viselor Albastre*.
Iată că ai trecut munţii şi locuieşti în ea.
Scrie-ne câteva melodii auzite în *Casa Albastră*.
.

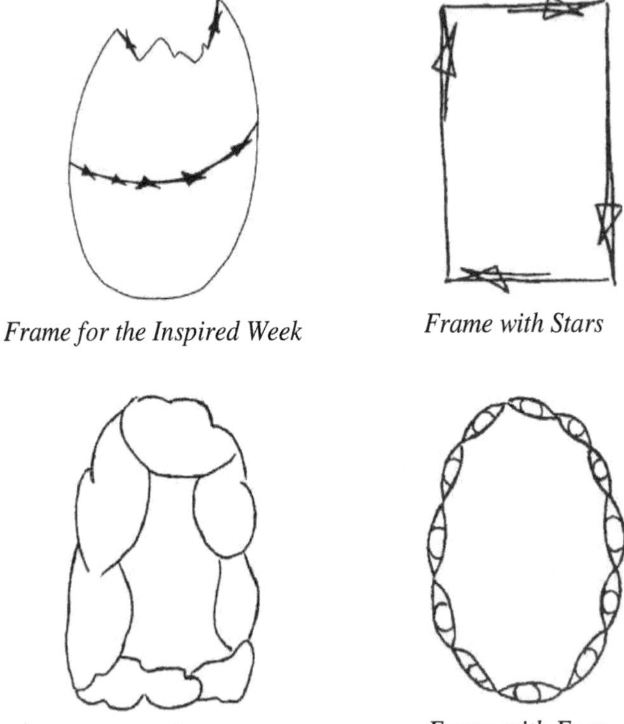

Frame for the Inspired Week *Frame with Stars*

Frame of Clouds *Frame with Eyes*

❋

These frames were prepared to let you put into them seven moments (days, years…) from your life.

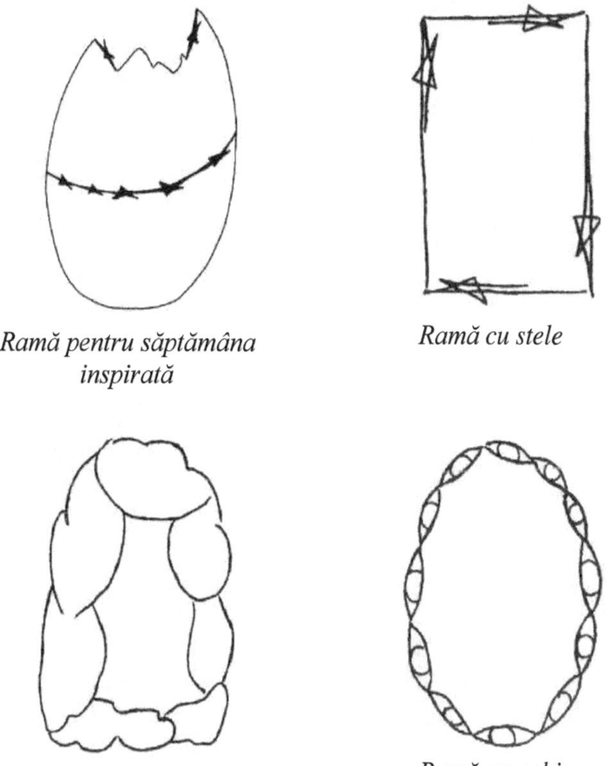

Ramă pentru săptămâna inspirată

Ramă cu stele

Ramă din nori

Ramă cu ochi

❋

Aceste rame au fost pregătite pentru a pune în ele şapte clipe (zile, ani...) din viaţa ta.

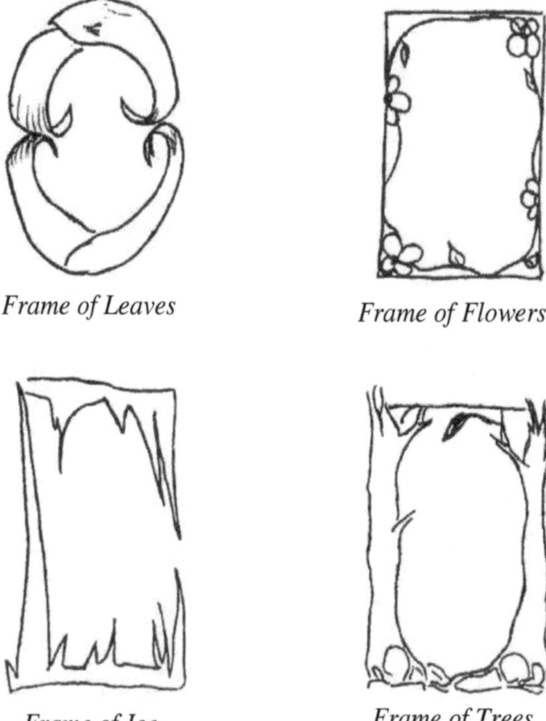

Frame of Leaves

Frame of Flowers

Frame of Ice

Frame of Trees

N.B.!
Look for symbols you can place in the frames.
Write or draw your answer in your notebook.

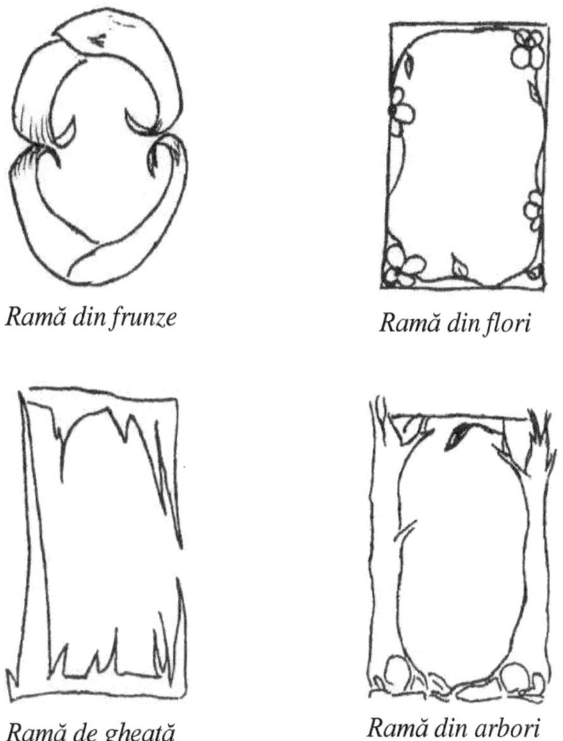

Ramă din frunze *Ramă din flori*

Ramă de gheață *Ramă din arbori*

N.B.!
Caută simbolurile clipelor ce pot fi plasate în rame.
Scrie sau desenează în caiet răspunsul.

❋

The Sun Beams have some small invisible buds.
There are buds of… from… with…
While they are small the Sun sings to them…

N.B.!

1. If snails have the picture of the sun buds, to whom would they give it?
2. What does the Sun live on?

… Biting of the dark or of the clear sky, or …

✵

Razele de Soare au nişte muguraşi nevăzuţi.
Sunt muguri de... din... cu...
Cât sunt încă mici Soarele le cântă...

N.B.!

1. Dacă melcii ar avea fotografia muguraşilor de soare, cui i-ar dărui-o?
2. Cu ce se hrăneşte Soarele?

... Muşcând din întuneric sau din seninul cerului, sau...

“S” put a star on its forehead and went out to wander the world.
The ear of wheat begged to be taken with…

N.B.!

1. The *Ear* tells the *Star* that yesterday, the *Wind*…
2. The Sun comes into being in the morning. At noon it is young, in the evening – mature. When the night falls… it dies.
The next day it is reborn…
What is hidden in this *Rapid Death* and *Resurrection*?

“S” şi-a pus o stea în frunte şi a pornit să cutreiere lumea.
Spicul s-a rugat să-l ia...

N.B.!
1. *Spicul* îi povesteşte *Stelei* că ieri, *Vântul...*
2. Soarele se naşte dimineaţa. La amiază e tânăr, seara – matur. Când vine noaptea... moare. A doua zi renaşte...
Ce se ascunde în această *Moarte* şi *Înviere* rapidă?

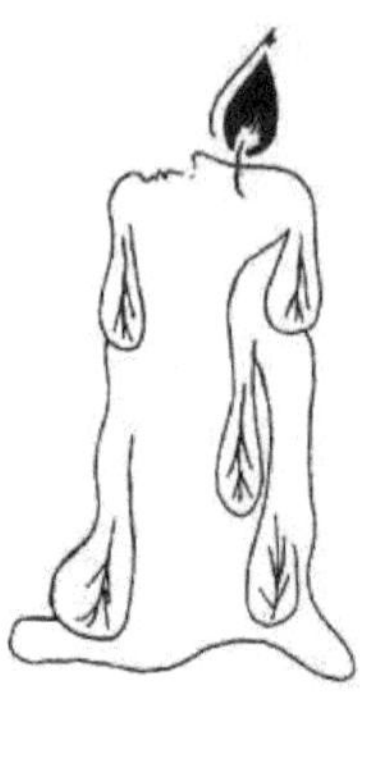

❋

Here are two portraits of the goddess *Hope*.
Who drew them?
The *Earth*, the *Moon*, the *Wind* or the *Word*?

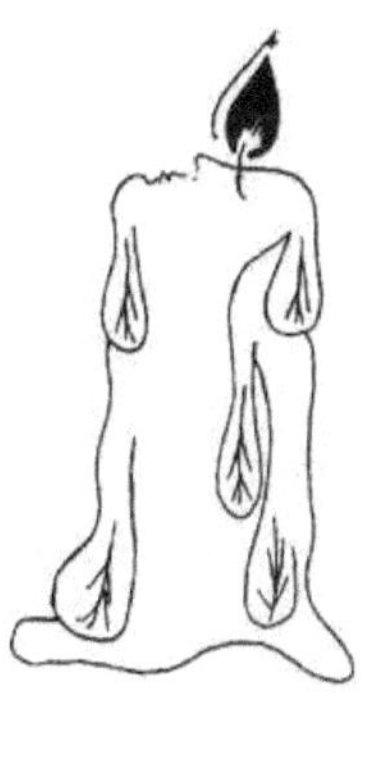

✵

Ambele sunt portrete ale zeiţei *Speranţa*.
Cine le-a desenat? *Pământul, Luna, Vântul* sau *Cuvântul*?...

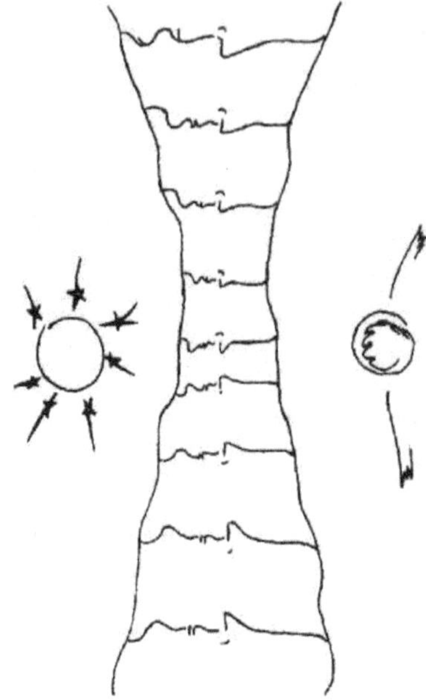

The Ladder of Astral Meetings

Strange ladder…
The angels look down.
Why?
Men look up.
Why?

Maybe they are consumed by a yearning for something, by an unsaid thought or an unsaid word?..
In this way the *Ladders of the Heights*…

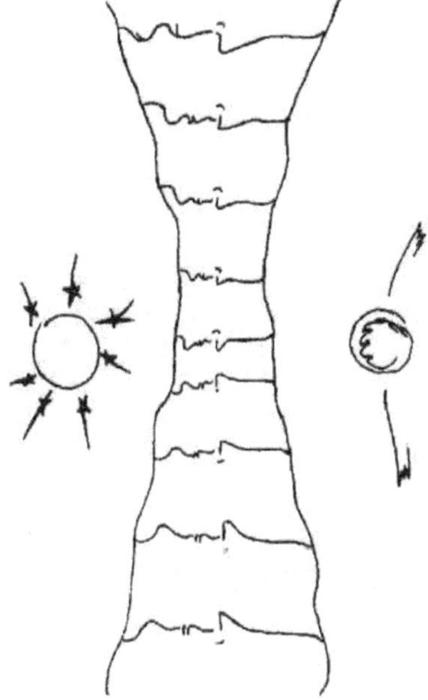

Scara Întâlnirilor Astrale

Stranie scară...
Îngerii privesc în jos.
De ce?
Oamenii privesc în sus.
De ce?

Poate-i mistuie dorul de ceva, poate gândul nesupus sau cuvântul nespus?..
Astfel *Scările Înălţimilor*...

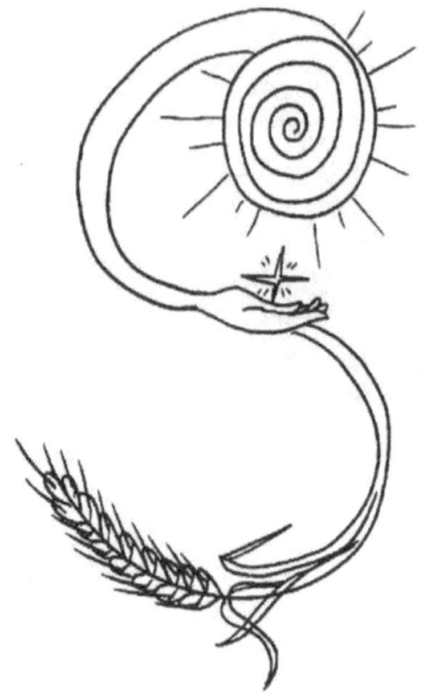

a) The *Sun* places itself on the forehead of "S" and says…
b) The *Star* tells the *Sun* that… but the *Ear*…

N.B.!
1. How can you penetrate the *Secret of Whispers*?
2. When they dared to have a conversation with the hawks from the words, they…

a) *Soarele* s-a aşezat pe fruntea lui "Ş" şi zice...
b) *Steaua* îi povesteşte *Soarelui* că... iar *Spicul*...

N.B.!
1. Cum poţi pătrunde în *Taina Şoaptelor*?
2. Când au îndrăznit să stea de vorbă cu şoimii din cuvinte, ei...

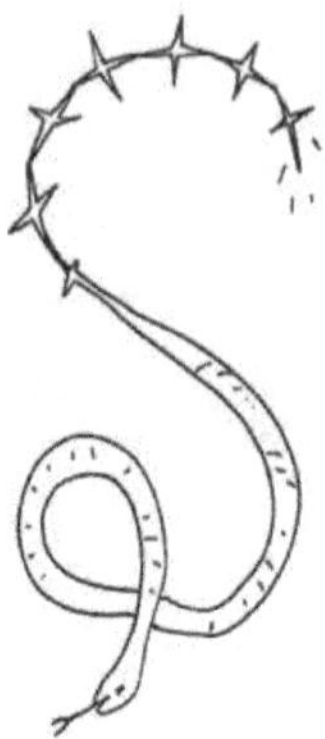

a) A curse fell on the snake with stars …[22]
Tell the story of what happened to it.
b) The snakes that grew wings became flying dragons. Why?

N.B.!
1. It is believed that house snakes are ancient protective spirits (Lar domesticus[23])
Write the *Legend of the house snake*.
2. There is a *blue snake* that nobody has ever seen…
When can we see it, since it appears only when… and… (Theme by Lenuţa Găină)
3. Write a *dictation* whispered by stars, mountains, houses, gates, roads, trees…

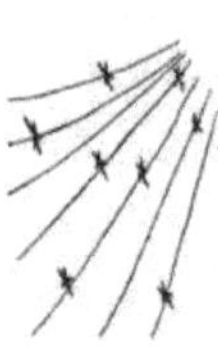

[22] The letter "ş" in the Romanian language is a fricative post-alveolar consonant sound pronounced /ʃ/.
[23] Evseev, Ivan. *Dicţionar de simboluri si arhetipuri culturale.* (*Dictionary of symbols and cultural archetypes*) – Timişoara, 1994. p. 180.

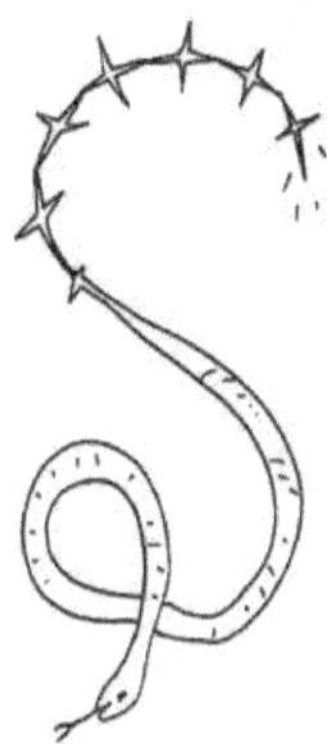

a) Peste şarpele cu stele a căzut un blestem...
Povesteşte ce i s-a întâmplat.
b) Şerpii cărora le-au crescut aripi s-au transformat în balauri zburători. De ce?

N.B.!
1. Se spune că şerpii de casă sunt nişte străvechi spirite ocrotitoare (Lar domesticus[24]). Scrie Legenda şarpelui de casă.
2. Este un şarpe albastru, pe care nu l-a văzut nimeni niciodată... Cum îl vom putea vedea, dacă apare doar atunci când... şi... (Subiect de Lenuţa Găină).
3. Scrieţi o dictare şoptită de stele, de munţi, de case, de porţi, de drumuri, de pomi...

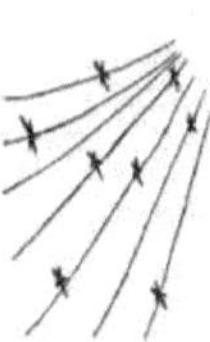

[24] Evseev, Ivan. *Dicţionar de simboluri si arhetipuri culturale.* (*Dictionary of symbols and cultural archetypes*) – Timişoara, 1994. p. 180.

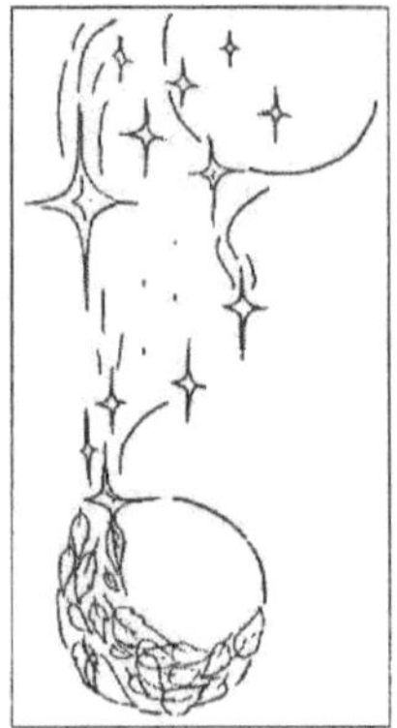

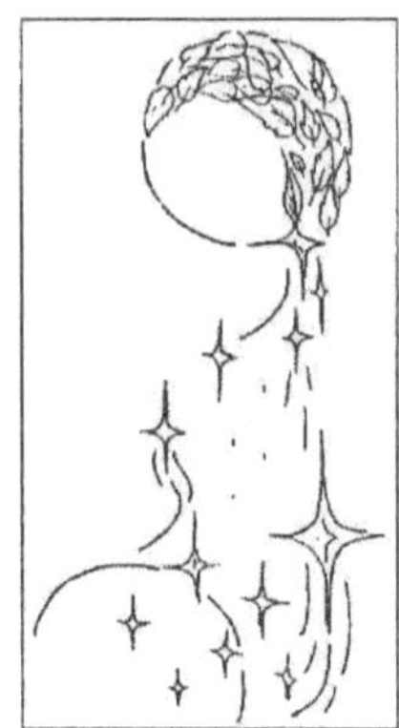

N.B.!

1. Write a commentary about these inverted poems.

2. Before I became a human being, I was a *Star* in my mother's thought.

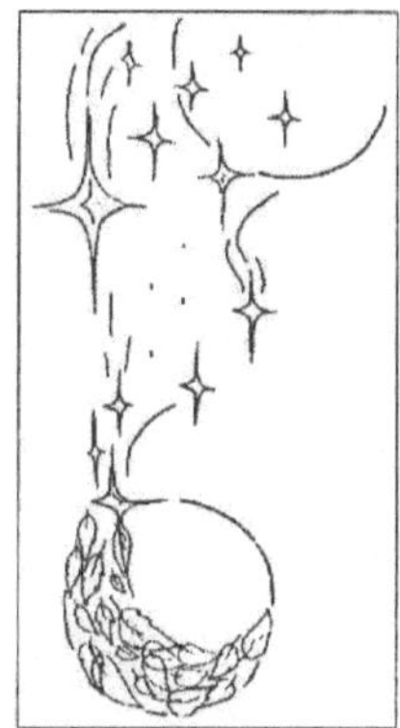

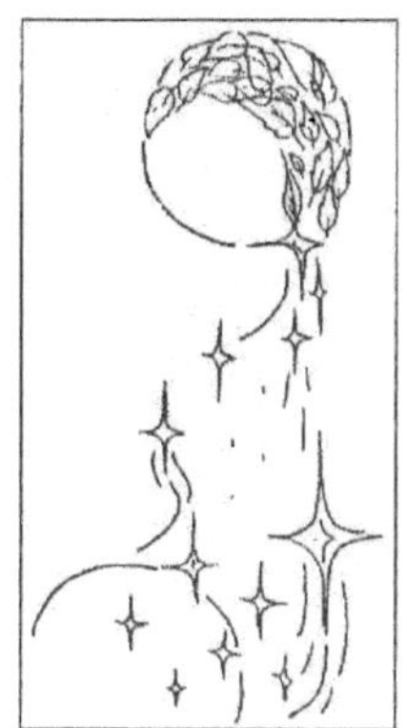

N.B.!

1. Comentați ambele variante ale poemului grafic.
2. Înainte de a fi om, am fost *Stea* în gândul mamei.

Find out where the five *Senses* have been concealed and what would the artistic desciphering of this poem be.

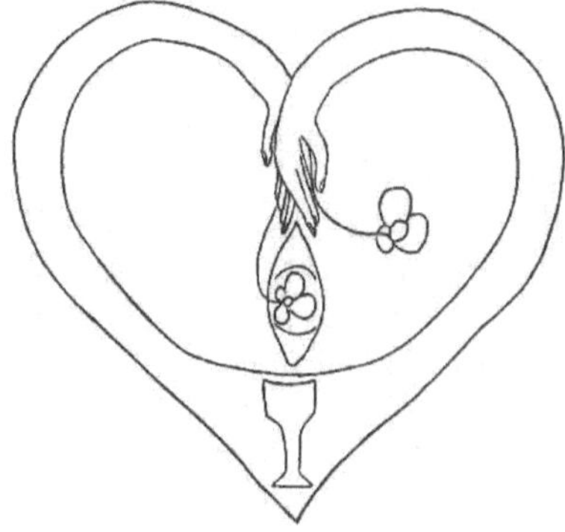

Depistați unde au fost tăinuite cele cinci *Simțuri* omenești și care ar fi descifrarea artistică a lucrării grafice.

On the *Shoulders of Time* there is a set of scales.
What can the *Day* weigh with it?

Pe *Umerii Timpului* stă o balanţă.
Ce poate cântări cu ea *Ziua*?

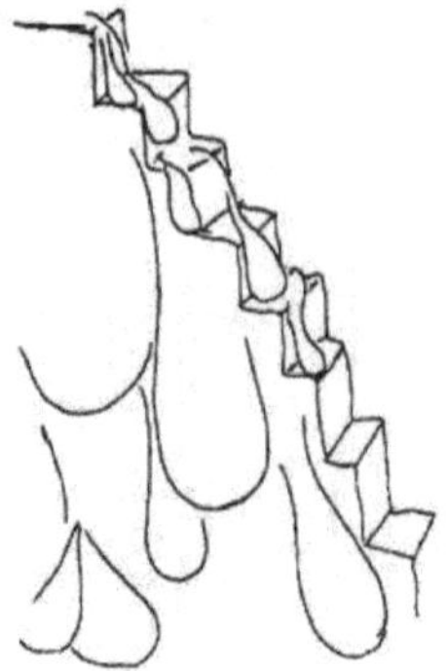

N.B.!
Draw on the *Steps of Time* the most important events from your life (using the symbols).

For example:
The *Light Eye* that saw you…

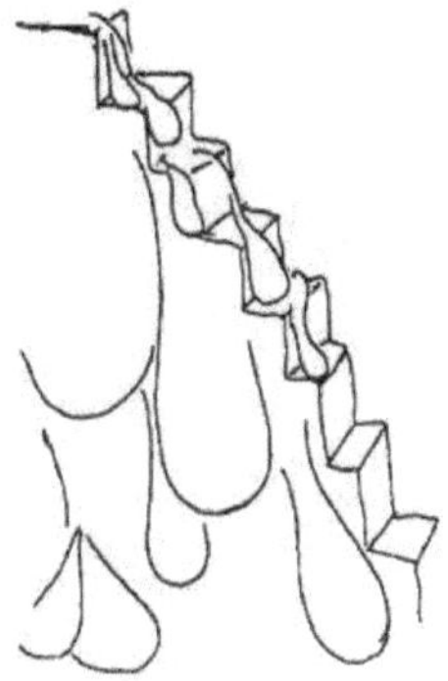

N.B.!
Desenează pe *Treptele Timpului* cele mai importante evenimente ale vieţii tale (cu ajutorul simbolurilor).

De exemplu:
Ochiul luminii care te-a văzut...

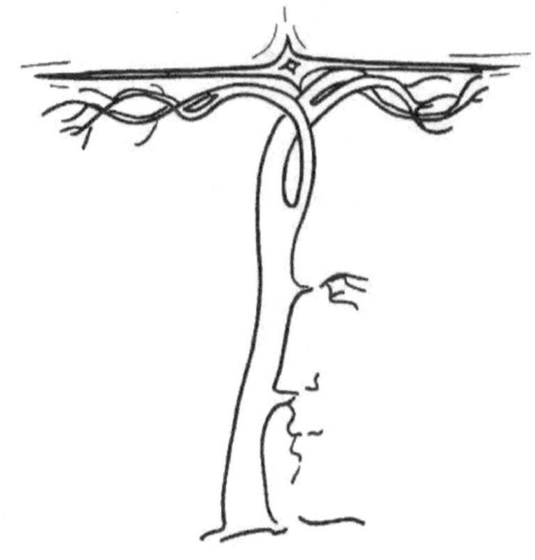

❋

In the *Time Tree* the Star built itself a nest. This happened in the days when grandparents used to teach their grandchildren how to listen to the *Whispers of the Forest.*
These days…

N.B.!
1. What is the *Time Tree* like, in your opinion?
2. At the *Time School*…

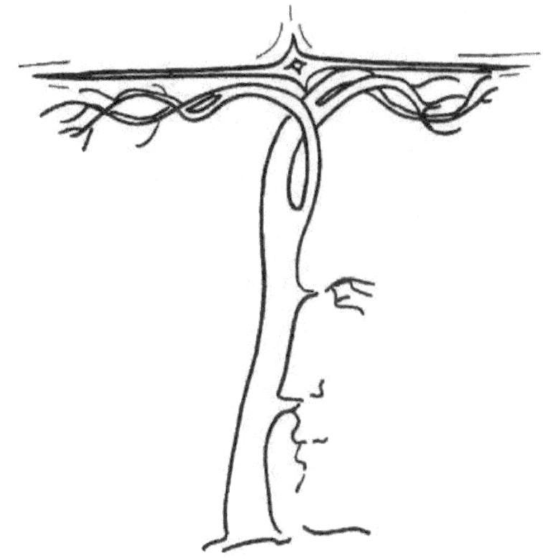

✵

În *Arborele Timpului* Steaua şi-a durat cuib. Era pe vremea când buneii învăţau nepoţii cum să asculte *Şoaptele Codrului*.
Acum...

N.B.!
1. Cum e *Arborele Timpului* în viziunea ta?
2. La *Şcoala Timpului*...

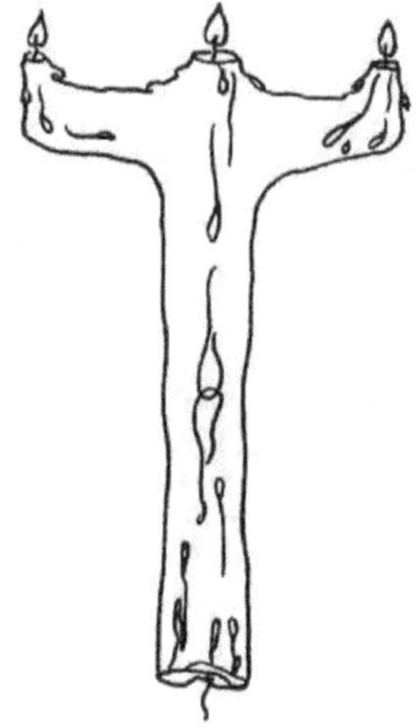

❋

1. In the *Time Chandelier* three candles are burning.

a) What do they want to say?
b) What does the sign from the middle of the candlestick represent?
c) If we reverse the image, what change in content do we produce?

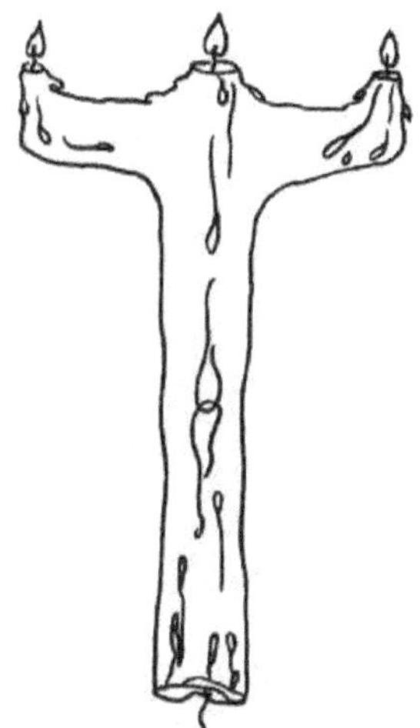

❋

1. În *Calendarul Timpului* ard trei lumânări.

a) Ce vor să spună ele?
b) Ce reprezintă însemnul de la mijlocul sfeşnicului?
c) Dacă am inversa imaginea, ce schimbare de conţinut s-ar produce?

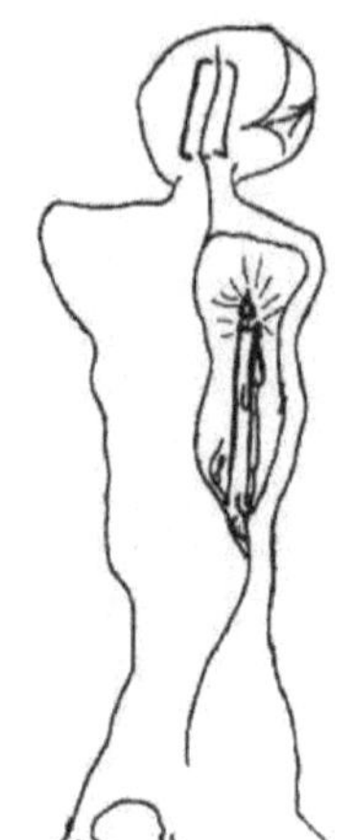

Transplantable Light

❋

2. Poets say that light and music can be transplanted, but what do you say?

a) When is the transplantation necessary?
b) When is the transplantation a secret?
c) Who are the enemies of transplantable light (music)?

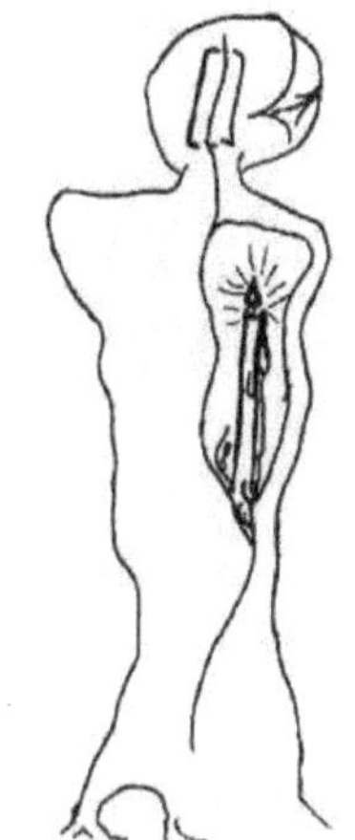

Lumina Transplantabilă

❋

2. Poeţii zic că lumina şi muzica sunt transplantabile, dar ce ziceţi voi?

a) Când e nevoie de transplantare?
b) Când transplantarea e o taină?
c) Cine sunt duşmanii luminii (muzicii) transplantabile?

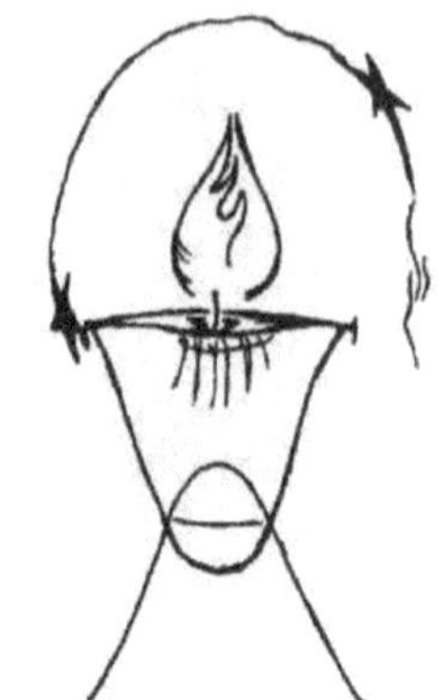

The Lamp of Silence Icon

❋

a) Draw your own version of the *Lamp of Silence Icon*

b) Which one could be the *Dream of Silence*?

c) What can you say about the “silence” of the eyes?

d) And about the “silence” of the hands?

e) Silence can talk, but not everyone hears it… Silence can…

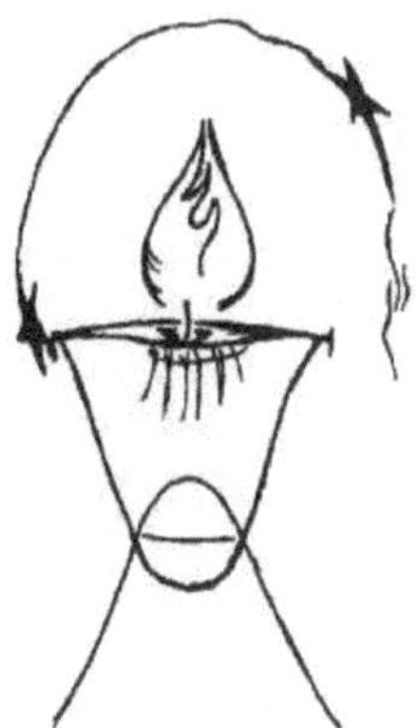

Candela Tăcerii

❋

a) Desenaţi propria variantă a *Candelei Tăcerii*.

b) Care o fi oare *Visul Tăcerii*?

c) Despre "tăcerea" ochilor ce-aţi spune?

d) Dar despre "tăcerea" mâinilor?

e) Tăcerea ştie să vorbească, dar nu toţi o aud... Tăcerea ştie...

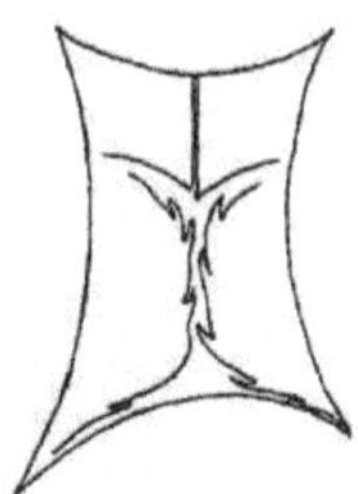

N.B.!
What can you say about the *Talent of the Tree*, of the *Roads*, about the *Talent of the Wind etc*.?

Choose one of these magical boards:

What would you write in the morning on the chosen board? But in the afternoon or in the evening?

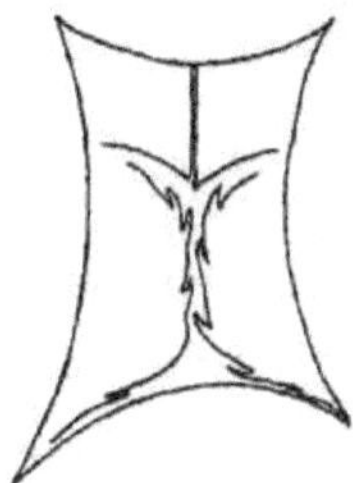

N.B.!
Ce puteţi spune despre *Talentul Copacului*, al *Drumurilor*, despre *Talentul Vântului etc.*?

Alegeţi una dintre aceste două table magice.

Ce veţi scrie dimineaţa pe tabla aleasă? Dar la amiază sau seară?

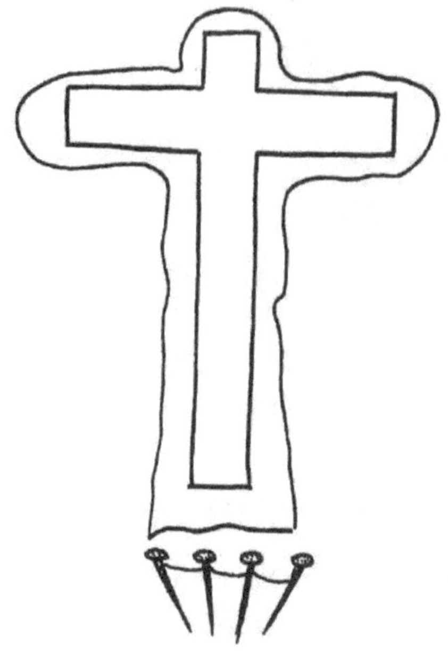

❋

The shape of the letter "Ț" reminds us of…[25]

In the lowest part of the letter there are four nails, prepared for…

I would like to dedicate a poem to them in which…
I would like to ask them…
I would like to beg them…

N.B.!

1. If I were the master of the *Time Stake*, I would attach to it…
2. I saw some nailed Moments…

[25] The letter "ț" in the Romanian language is an affricate dental consonant sound pronounced /ts/.

⁂

Chipul literei "Ţ" ne aminteşte că...
În partea de jos a literei stau patru ţinte (cuie), pregătite pentru...

Aş vrea să le dedic un poem în care...
Aş vrea să le întreb...
Aş vrea să le rog...

N.B.!
1. Dacă aş fi stăpân pe *Ţeapa Timpului*, aş prinde în ea...
2. Am văzut nişte Clipe ţintuite...

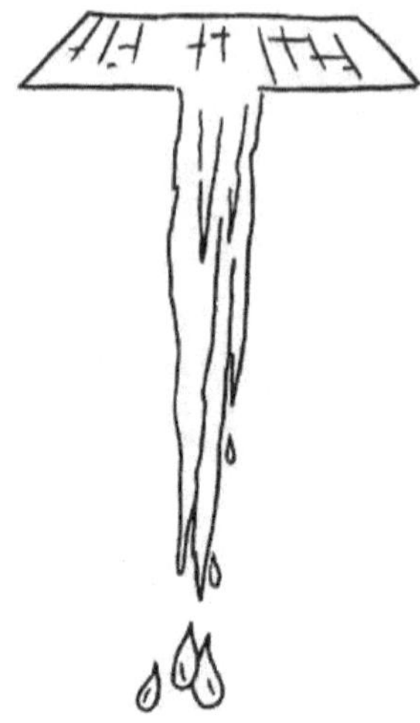

❋

a) One winter day, when icicles were born…

b) What words are hidden behind the monotonous refrain of icicles: Drip-drip-drip-drip?

c) Write a dialogue between the icicles and the sky, and another between the earth and icicles.

Being a Word:

❋

Imagine that you are not a *Person*, but a *Word* and that one day you reached the *Country of Words*.

a) Among all your brothers and sisters (*Words*!) who would you talk to first?

b) Maybe it is better for you to walk barefoot in your *Country*?

c) Send a message for… (a flight, a mountain, a star, a sea wave *etc*.).

d) What did you discover when you arrived in the *Country of the Stars*?

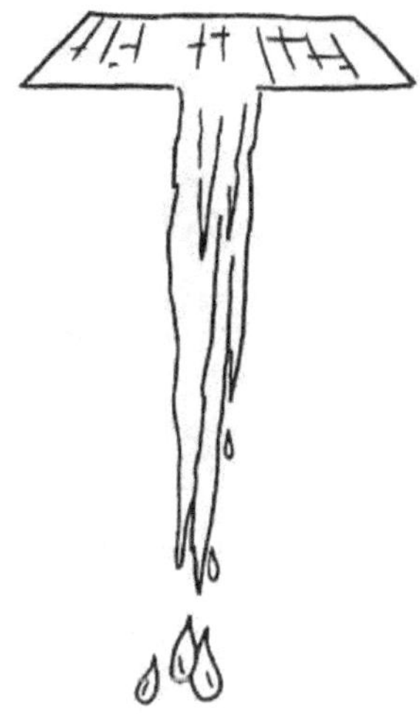

❋
a) Într-o zi de iarnă, când se năşteau ţurţurii de gheaţă...
b) Ce cuvinte se ascund după refrenul monoton al ţurţurilor:Pic-pic-pic-pic!?
c) Scrieţi un dialog dintre ţurţuri şi cer, altul – dintre pământ şi ţurţuri.

Fiind Cuvânt:
❋
Imaginează-ţi că nu eşti *Om*, ci *Cuvânt* şi ai ajuns într-o zi în *Ţara Cuvintelor.*
a) Cu cine dintre fraţii şi surorile tale (*Cuvinte*!) vei sta de vorbă mai întâi?
b) Poate ţi-i mai bine când umbli prin *Ţara* ta desculţ?
c) Trimite un mesaj pentru ... (un zbor, un munte, o stea, un val de mare *etc.*).
d) Ce ai descoperit când ai ajuns în *Ţara Stelelor*?

❋

Some moments of inspiration remained on the cut tree. The tree sends them high up in the sky, in the *Country of Stars* – so it doesn't lose them.

What does the leaf that remained on the tree say?

N.B.!

1. Have you ever seen the key from the *Soul Door*?
How do you imagine it?
2. How does the *Time Padlock* look like?
3. Draw a *Portrait of Truth.*

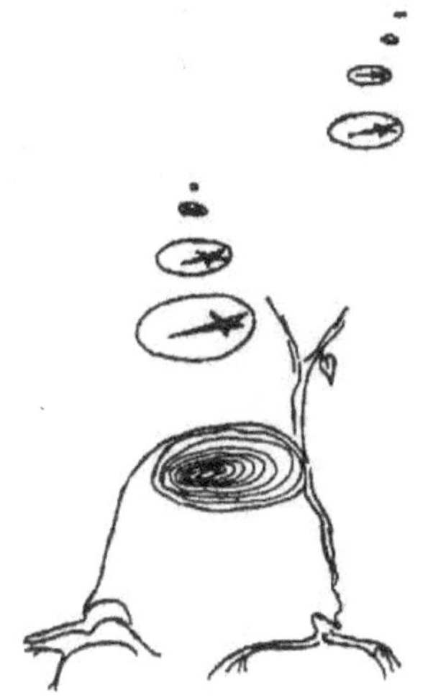

❋

Copacului tăiat i-au mai rămas clipe de inspirație. Le trimite în înalturi, în *Țara Stelelor* – să nu se piardă.
Ce zice frunza rămasă pe ramura tânără?

N.B.!

1. Ai văzut vreodată cheia de la *Ușa Sufletului*? Cum ți-o imaginezi?
2. Cum arată *Lacătul Timpului*?
3. Desenează *Portretul Adevărului*.

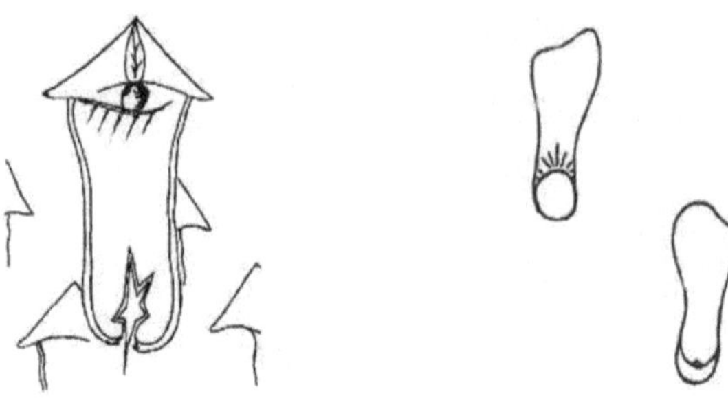

✵

These are the *Traces of Eternity* in the vision of…

What are the *Traces of Eternity* like in your opinion? (Subject by Alecu Găină)

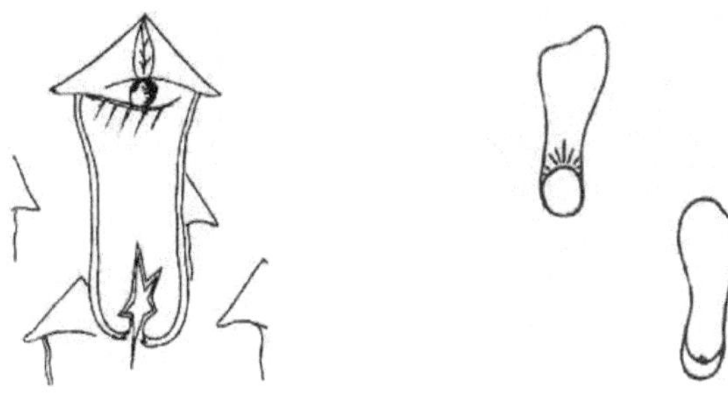

❋

Acestea sunt *Urmele Eternității* în viziunea...
Cum sunt *Urmele Eternității* în viziunea ta? (Subiect de Alecu Găină)

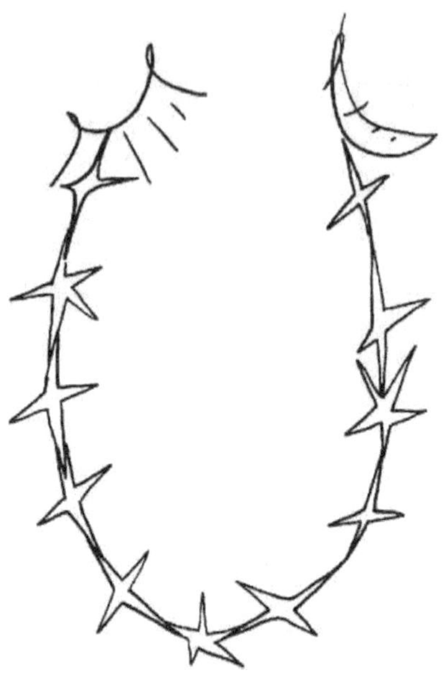

❋

a) The string of stars is attached to…
b) This is jewelry you can pin on the chest (whose chest? why?)…
c) This is an untold story about the cradle of the stars.

N.B.!
a) What does the *Shadow* know about us?
b) What does it tell us and what do you answer?
c) Why would the Shadow change the color of its face?
d) I heard that the Shadow was discussing with the tree, with the hills, with the clouds *etc*.

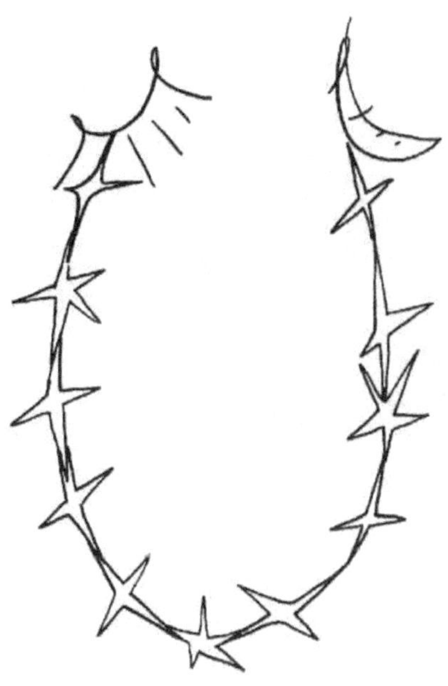

❋

a) Şiragul de stele stă prins...
b) E o bijuterie ce o mai poţi prinde la pieptul (cui? de ce?)...
c) E o poveste nescrisă despre leagănul stelelor.

N.B.!
a) Ce ştie *Umbra* despre noi?
b) Ce ne spune ea şi ce-i răspundem noi?
c) De ce şi-ar schimba Umbra culoarea feţei?
d) Am auzit cum Umbra discuta cu pomul, cu dealurile, cu norii *etc*.

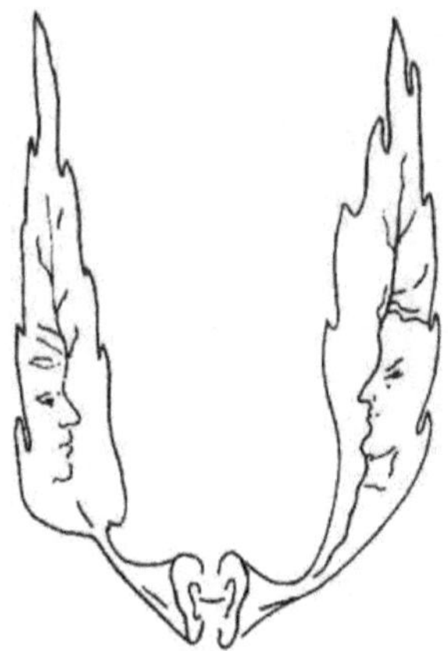

a) What do the leaves tell each other while flying?

b) What do they hear and what secrets do they keep, as they fall down from the trees?

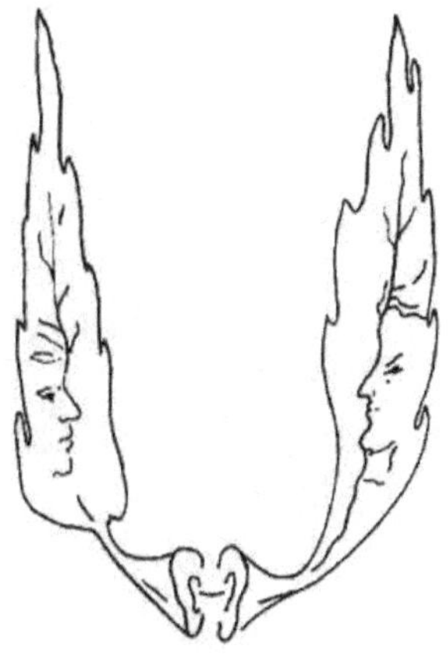

a) Ce-şi spun frunzele în zbor?

b) Ce aud ele şi ce taine păstrează coborând de pe copaci?

❋

Keeping as a model this letter, compose an *Alphabet of the Leaves.*

a) Who can make their own nest in the palm of the leaf?

b) Who teaches the leaves how to fly and what do the leaves teach us about through their flight?

Având ca model această literă, alcătuiţi un *Alfabet al Frunzelor*.

a) Cine-şi poate face cuib în palma frunzei?
b) Cine învaţă frunzele să zboare şi ce ne învaţă ele prin zborul lor?

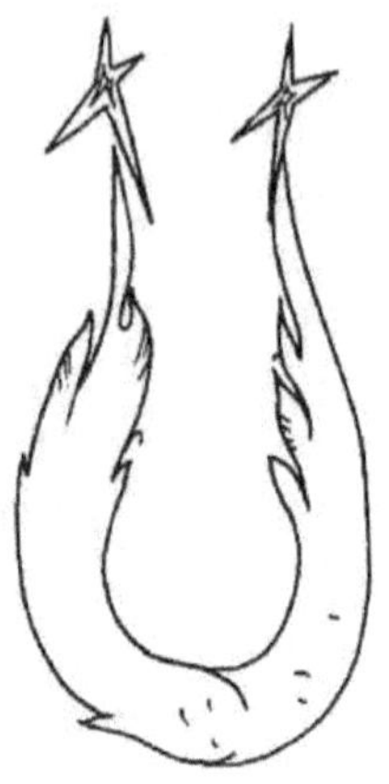

A *Moment*

swings in the
merry- go-round
of the s t a r s.
Draw the
por- trait
of the
Moment.

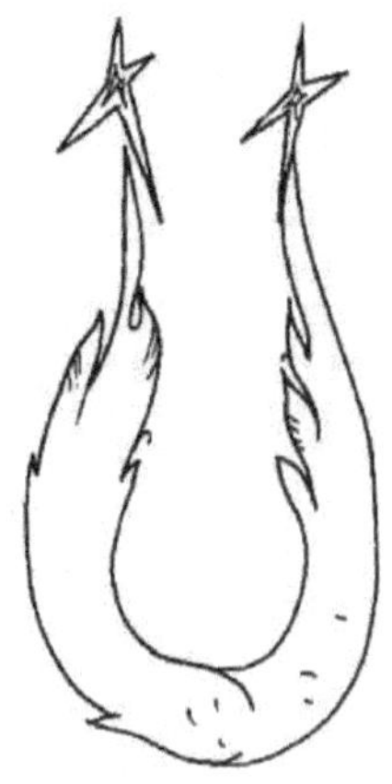

O Clipă se dă

h u ţ a   î n
c a r u-   s e l u l
stele-   l o r.
Dese-   nează
por-   tretul.
Clipei

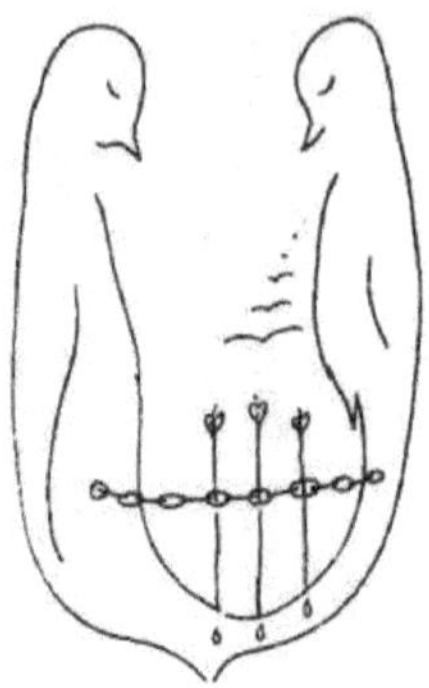

✵

a) What secrets does the *Chained Lyre* know?

b) Who can save it?

c) Write its song (sonnet).

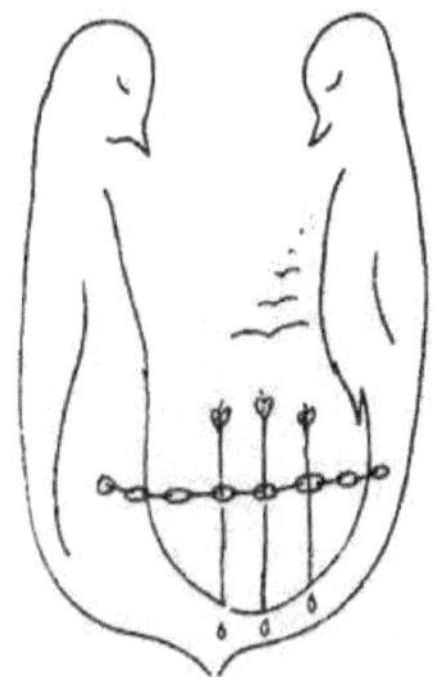

❋

a) Ce taine ştie *Lira Înlănţuită*?

b) Cine o poate salva?

c) Scrie romanţa (sonetul) ei.

Oblivion and Memory

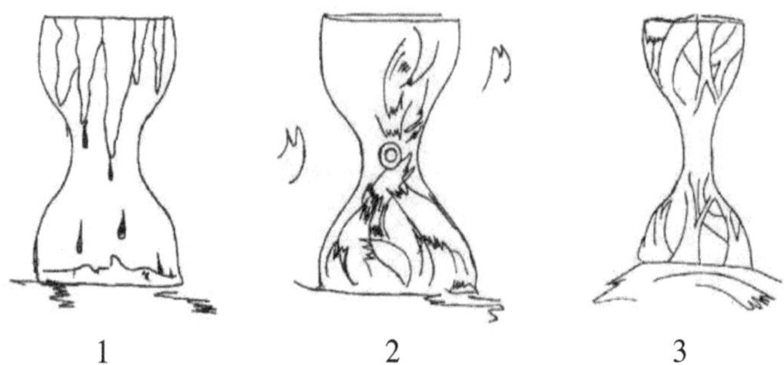

1 2 3

Life is a fight with oblivion.
Image 1 represents *Oblivion dripping over the world.*
How can you intervene?

Image 2: waves of *Oblivion* and *Memory* toss in the *Sandglass of Time*, where individuals disappear or are born…
But what does the *Sandglass of your Life* look like?

Image 3: *Oblivion* has an enemy – *Memory.*
Roots of *Oblivion* and *Memory* met in the *Sandglass of Time.*
What will grow from the offshoots of the old roots: *Trees of Oblivion* or *Trees of Memory*? But until then…

Uitare şi Memorie

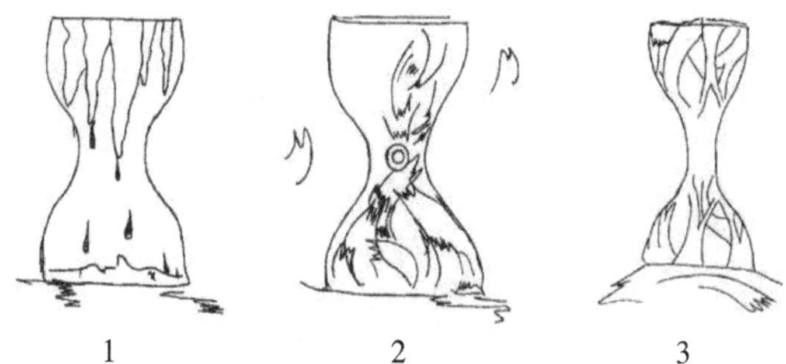

Viaţa este o luptă cu uitarea.
Imaginea 1 ne prezintă *Uitarea* curgând peste lume.
În ce mod aţi putea interveni?

Imaginea 2: valuri de *Uitare* şi *Memorie* se zbat în *Clepsidra Timpului*, unde omul se pierde sau se naşte...
Dar cum arată *Clepsidra Vieţii* tale?

Imaginea 3: *Uitarea* are un duşman – *Memoria*.
Rădăcini de *Uitare* şi *Memorie* s-au întâlnit în *Clepsidra Timpului*.
Din lăstarii bătrânelor rădăcini trebui-vor să crească *Arborii Uitării* sau *Arborii Memoriei*. Dar până atunci...

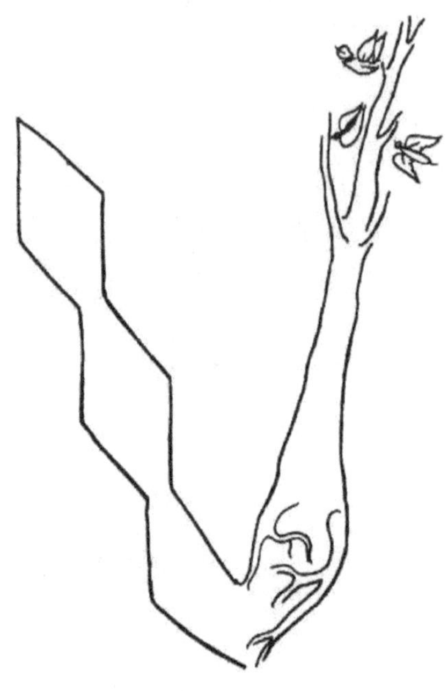

❋

The Endless Column[26] and the tree (name it) start from the same place on their way to eternity.
Can such different forms coexist in a single image?

N.B.!
Two strong waves raise their wings. Between them is a heart, which feels it's in the same situation as they are.
Whose heart is this?
Let's drop a Word (choose the Word) into the whirlpool of the heart. What would it say?

[26] This is an allusion to Constantin Brâncuşi's monumental *Endless Column* in Târgu-Jiu, Romania. The 98-foot column of metal-coated cast-iron modules on a steel spine is dedicated to young Romanians who died in World War I.

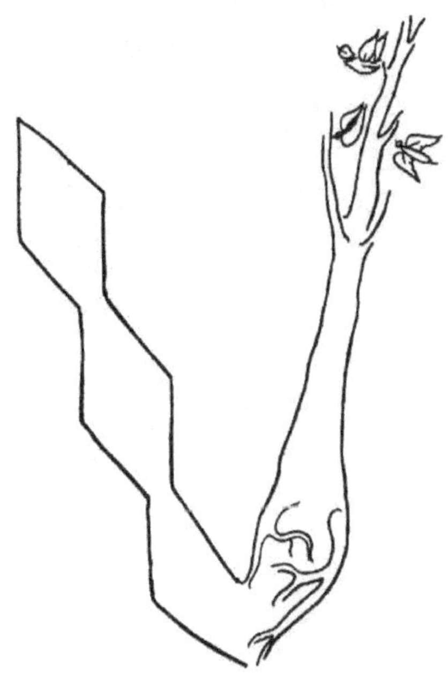

❋

Coloana fără sfîrşit şi arborele (denumiţi-l) pornesc din acelaşi loc spre veşnicie.

Pot coexista două forme atât de diferite într-o imagine?

N.B.!

Două valuri puternice şi-au ridicat aripile. Între ele o inimă se simte “în apele sale”...

Să dăm drumul unui Cuvânt (alege Cuvântul) în vârtejul inimii. Oare ce-o să ne spună el?

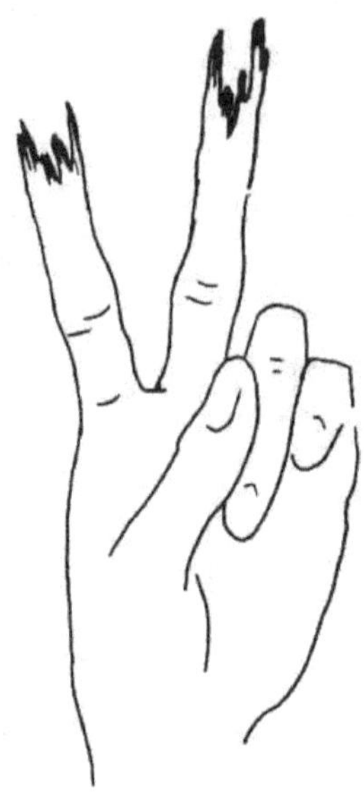

❋

By the time they came to signify victory, the fingers (who can the hero or heroine be?) were burnt by time, by…

Together with them two streaks of fire came up the sky to warm the stars, because the stars are cold up there…

What kind of victory was this?

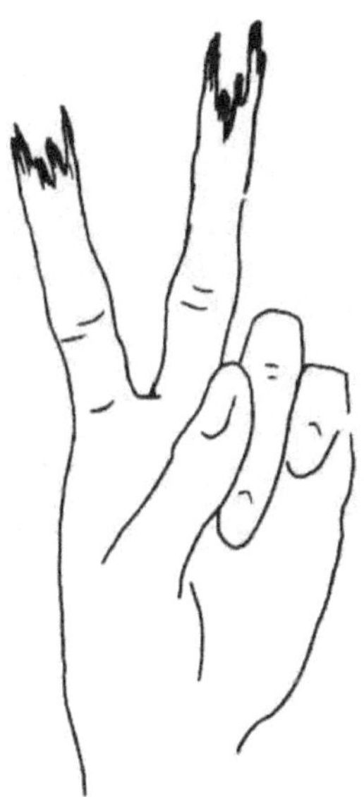

❋

Când au ajuns să semnifice victoria, degetele *Lu/Ei* (Cine poate fi eroul sau eroina?) erau arse de timp, de...

Odată cu ele două fâşii de foc s-au ridicat până la cer să încălzească stelele, căci sunt reci stelele acolo sus...

Ce fel de victorie fusese aceasta?

❋
Of waves and foam, of what protects us and what defeats us, of what surprises us and what thrills us, of the person who goes up and down, talk to me, my friend, in this astral *Moment* (of the evening, of the summer, of…).

Reference Words:
volcano, vulture, valley, volunteering, virtue …

❄

Despre valuri şi spume, despre ce ne ocroteşte şi ce ne răpune, despre ce ne uimeşte şi ce ne-nfioară, despre cine cum urcă şi cum coboară, vorbeşte-mi, amice, în *Clipa* aceasta astrală (de seară, de vară, de...).

Cuvinte de reper:
val, vultur, veşnicie, voinţă, vrere...

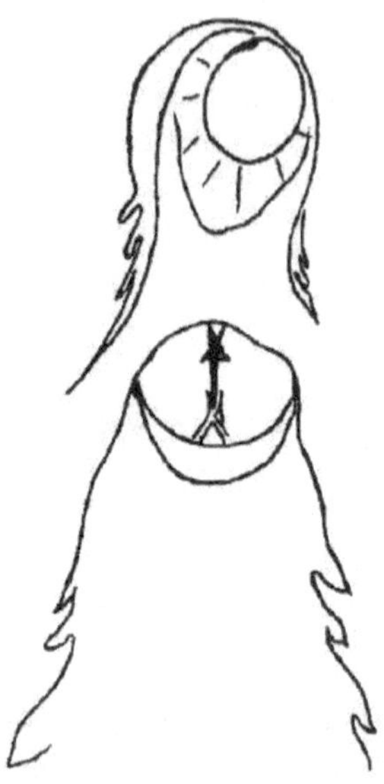

❋

1. In the *Morning Altar* the Sun puts on the ritual cloth and begins the *Light Liturgy*…

2. In the *Evening Cabin* the Moon calls the stars and tells them to take care of those from down below.
But I…

N.B.!
1. There is an *Entrance* and an *Exit* in the *Life Mountain*.
Why did people open that *Entrance* and why do they need the *Exit* from the top of the mountain?
Let's unravel this *Mystery*.

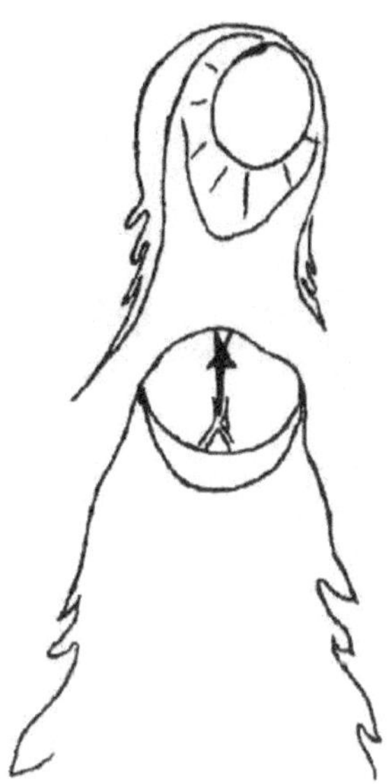

❋

1. În *Altarul Dimineţii* Soarele-şi pune haina de ritual şi începe *Liturghia Luminii*...
2. *În Coliba Serii* Luna cheamă stelele şi le spune să aibă grijă de cei de jos, iar eu...

N.B.!

1. Este o *Intrare* şi o *Ieşire* în *Muntele Vieţii*. Pentru ce au spart oamenii *Intrarea* aceea şi pentru ce au nevoie de *Ieşirea* din vârful muntelui?

Să dezlegăm această *Taină*?

N.B.!

1. The sun beam looks into the mirror of moments that reflects us… We hear it and…

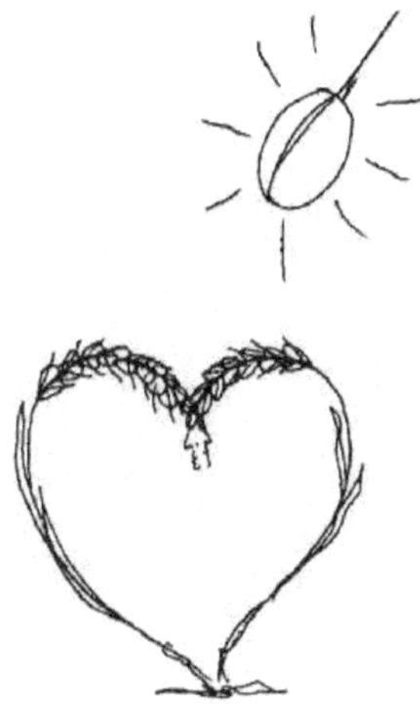

N.B.!
1. Bobul de soare priveşte în oglinda de clipe pe noi căzătoare... Îl auzim şi...

A couple of words in search of the lost thought (are looking for the lost thought, à la recherche de la pensée perdue). Two thoughts coming from different sheens came across each other…Weaving memories, I remembered…

O pereche de cuvinte în căutarea gîndului pierdut. S-au întâlnit două gînduri ce veneau din diferite zări... Împletind amintiri, mi-am adus aminte...

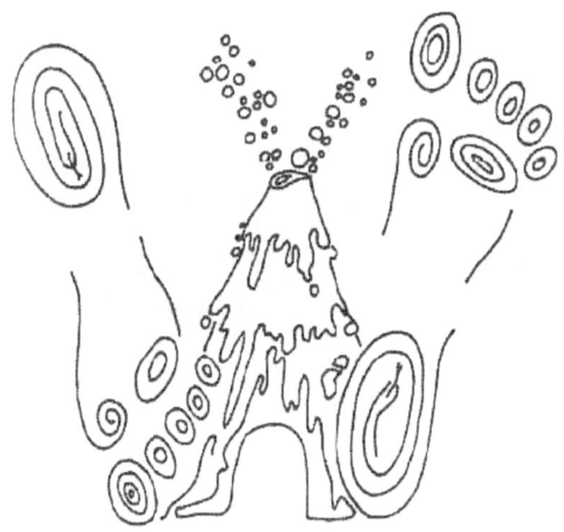

1. Eruptions of words in the Dacian mountains[27] .

2. Why do footprints come and go towards this volcano? Give a name to this volcano.

3. The volcano of all five human senses.

[27] The Dacian mountains or The Carpathian Mountains forming an arc across Central and Eastern Europe. In ancient geography Dacia corresponds to modern countries of Romania and Moldova, as well as smaller parts of Bulgaria, Serbia, Hungary, and Ukraine.

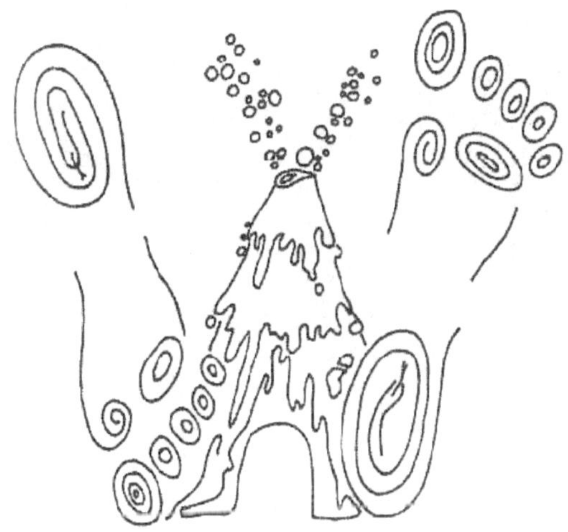

1. Erupţii de cuvinte în munţii Daciei.

2. De ce vin şi pleacă urmele spre acest vulcan? Daţi un nume vulcanului.

3. Vulcanul celor cinci simţuri omeneşti.

✵

a) Here there are only two leaves or two windows, two thoughts, two entrances?.. Continue the series.

b) Write two meditations with a single title: *Touching*.

c) Find titles for your answers (topics).

✵

a) Sunt de faţă doar două frunze sau şi două ferestre, două gânduri, două intrări? ... Continuaţi şirul.

b) Scrieţi două meditaţii care să aibă un singur titlu *Atingerea*.

c) Găsiţi titluri pentru răspunsurile (tabletele) ce le-aţi scris.

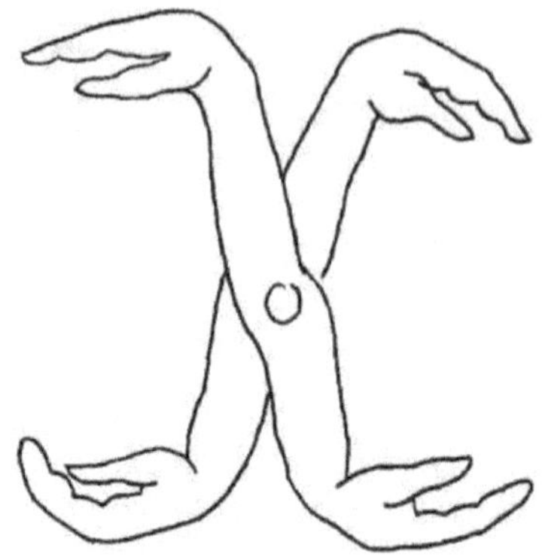

❋

If these are the *Hands of Day* and *Night*, why were they nailed like this? But if…

Try to decipher the hidden meanings of the letter "X".

✵

Dacă acestea sunt *Mâinile Zilei* şi ale *Nopţii* de ce au fost ţintuite aşa? Dar dacă...

Încercaţi să descifraţi sensurile ascunse ale literei “X”.

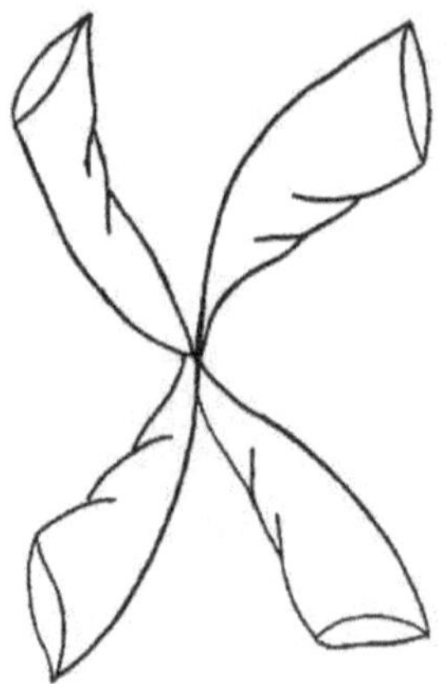

❋

Sent to say something to the world, four horns (wind instruments) met one evening: the first one belonged to the Forest, the second to the Sky, the third to the Moon and the fourth to the Earth.

What were they singing together?

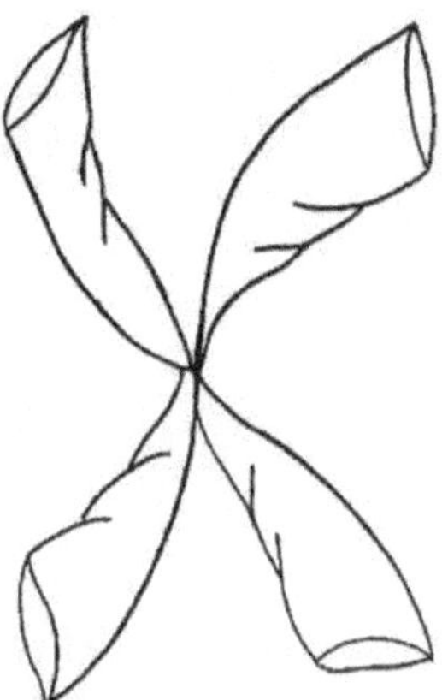

❋

Trimise să spună lumii ceva, s-au întâlnit într-o seară patru cornuri (instrumente muzicale de suflat): unul era al Codrului, altul al Cerului, altul al Lunii şi al patrulea al Pământului.

Ce cântau ele împreună?

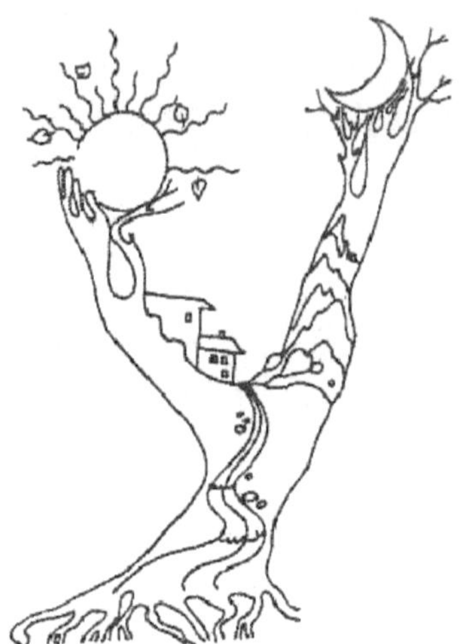

1. Between the Sun and the Moon…

2. At the transition between years (centuries, millenniums) I made a halt and…

3. At the gorge between sunrise and sunset…

4. We go up the hills…

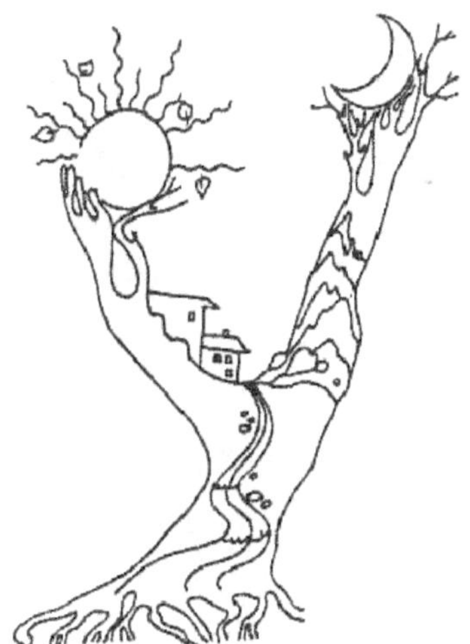

1. Între soare şi lună…

2. La trecerea dintre ani (secole, milenii) am făcut popas şi

3. La strâmtoarea dintre răsărit şi asfinţit…

4. Urcăm pe drumuri…

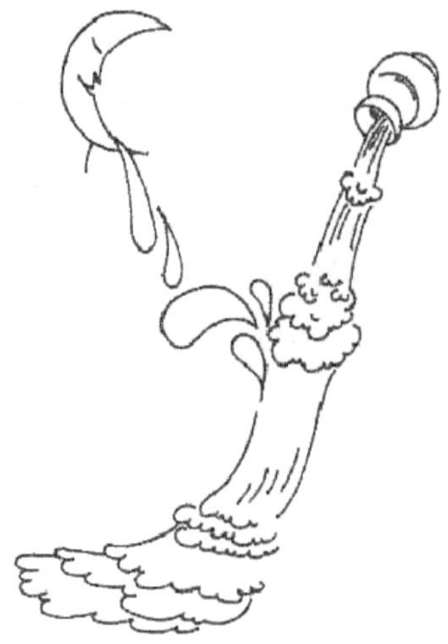

From the pitcher of memories *The Moments of encounters* are flowing. How did your parents, grandparents meet? Tell the Moon about such an encounter. Listen to what the Moon has to say about its encounters, they are countless…

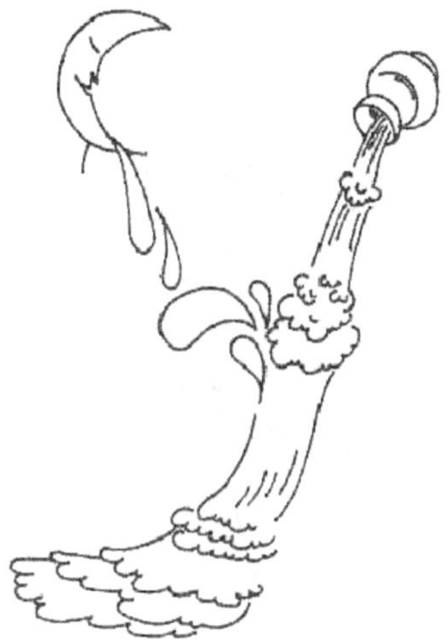

Din ulciorul amintirilor curg *Clipele întâlnirilor.* Cum s-au cunoscut părinţii, bunicii tăi? Povesteşte-i Lunii despre o astfel de întâlnire. Ascultă şi ceea ce-ţi povesteşte luna despre întâlnirile ei, că sunt nenumărate...

❋

1. Using the image and some reference words (dawn, zenith, flight, time (thought) rags) *etc.*), make up a literary medallion on the theme:
Conceiving a thought…

2. The invisible rings of the atmosphere stop a pure thought in flight and… look for a thought… to…

❋

1. Folosind imaginea şi câteva cuvinte de reper (zori, zenit, zbor, zdrenţele timpului (gândului) *etc.*), alcătuiţi un medalion literar pe tema:
Zămislind un gând...

2. Inelele nevăzute ale văzduhului opresc din zbor un gând curat şi... caută un gând ... ca să...

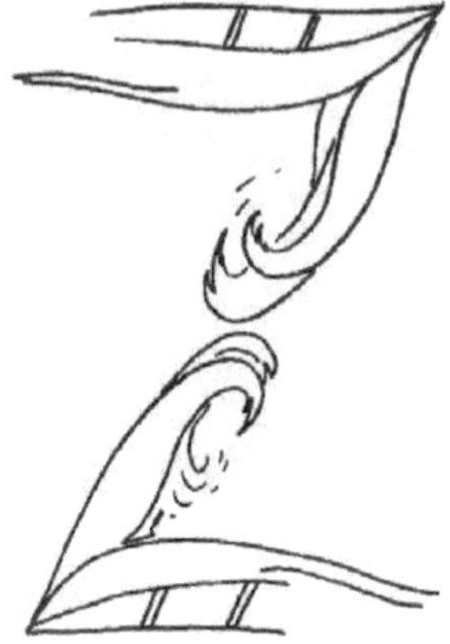

❋
If the *Dawn Whispers* meet the *Evening Whispers*, what would the poet's heart hear?

The Flight of the Blue Foal

Something strange appeared in my dream – a mysterious, blue foal.

The lily-white peaks of the mountains looked pensively at its shape reflected in the river which used to bring news from the Azure World.

The mountains knew the Blue Foal and caressed it with their fresh shadow.

Then I went down to a blue clearing where the flowers were playing with the stars, the light wind was chasing the small clouds, the earth was holding a council with the roots and the Blue Song of dawn was coming to me. I was taken on wings… I was carried to the Blue Mountains. The Blue Silence was dripping in my soul…

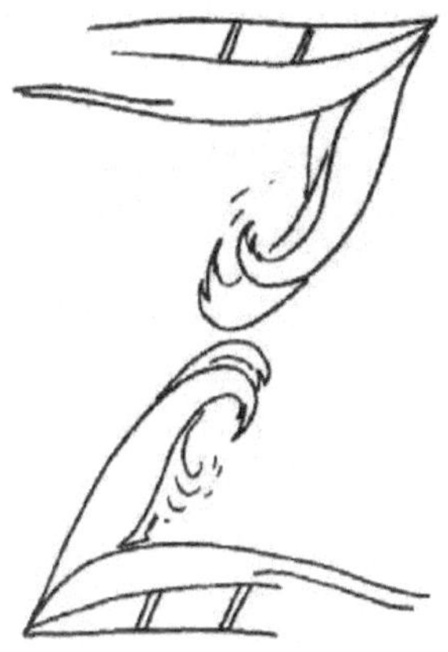

❋

Dacă s-ar întîlni *Şoaptele Zorilor* cu cele ale *Înserării*, ce-ar auzi inima poetului?

Zborul Mânzului Albastru

Mi s-a arătat în vis ceva neobişnuit – un albastru, tainic mânz.

Piscurile dalbe ale munţilor îi priveau gânditoare chipul oglindit în râul care aducea cu sine veşti din Lumea Seninului.

Munţii îl cunoşteau pe Mânzul Albastru şi l-au mângâiat cu umbra lor proaspătă.

Am coborât apoi într-o poiană albastră, unde florile se jucau cu stelele, vântuleţul fugărea nouraşii, pământul stătea la sfat cu rădăcinile şi spre mine porni Cântecul Albastru al zorilor. Am fost luat pe aripi... Dus am fost în Munţii Albaştri. În suflet îmi picura Liniştea Albastră...

FAREWELL EXPRESSIONS FOR *THE* ***WORD*** CLASS

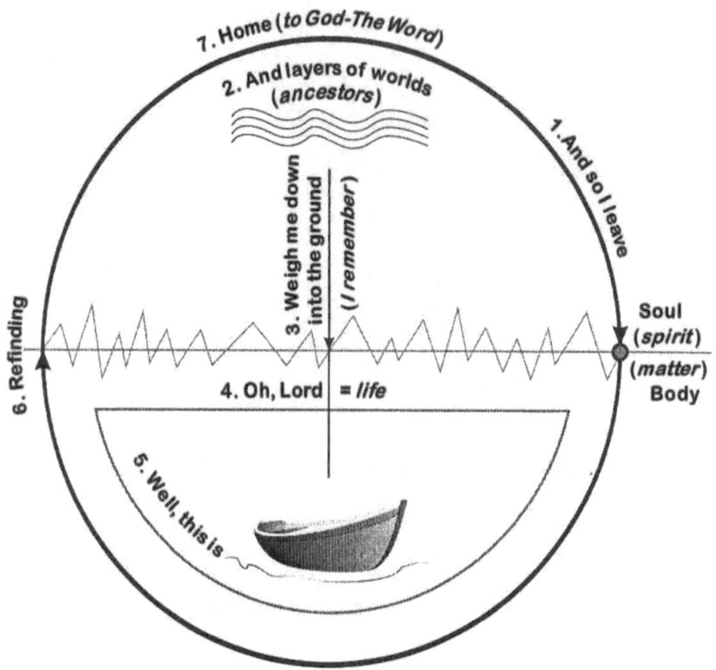

And so I leave
And layers of worlds
Weigh me down into the ground.

Oh, Lord,
Well, this is
Refinding
Home…

(by Liuba Sănduţă)

FORMULĂ DE RĂMAS BUN PENTRU ORA *CUVÂNTUL*

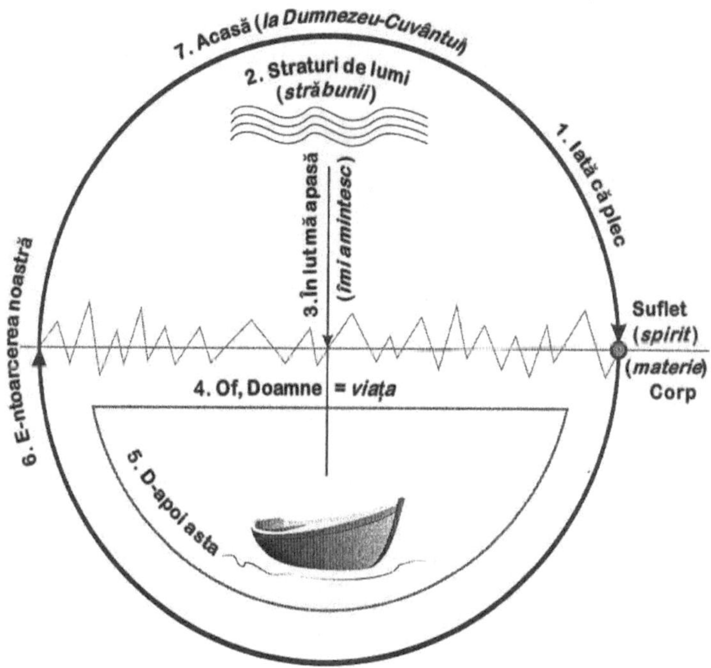

Iată că plec
Și straturi de lumi
În lut mă apasă.

Of, Doamne,
D-apoi asta
E-ntoarcerea noastră
Acasă...

(de Liuba Sănduță)

ANNEXES

ANEXE

THE CATHEDRAL OF WORDS

CATEDRALA DE CUVINTE

THE MEANING OF OUR NAMES

N.B.!

1. What's hidden in a name?
2. What's your name's hidden meaning?

TAINE COSMICE ASCUNSE IN NUMELE NOASTRE

N.B.!

1. Încercaţi să descifraţi sensurile ascunse in poezia acestor nume.
2. Scrie numele tău cu litere poeme.

ABOUT THE STAR, THE FLOWER AND THE SPRING, THAT IS TO SAY ABOUT THE WORD

The river that flows through the valleys is magnificent, but every time we go to the springs to see where it takes its source…

Although the flower petals are beautiful, it is the perfume hidden among them that spreads the fragrance. The words in a poem act in the same way.

In creation the true meaning of the words, the load they carry, is hidden and stays not in front but behind the wall of words.

DESPRE STEA, FLOARE ŞI IZBOR, ADICĂ DESPRE CUVÂNT

E măreţ, râul ce curge printre văi, dar ne ducem de fiecare dată la izvoare, să vedem de unde-şi ia începutul.

Deşi petalele florii sunt frumoase, miroase totuşi parfumul ascuns între ele. Aidoma şi cuvintele într-o poezie.

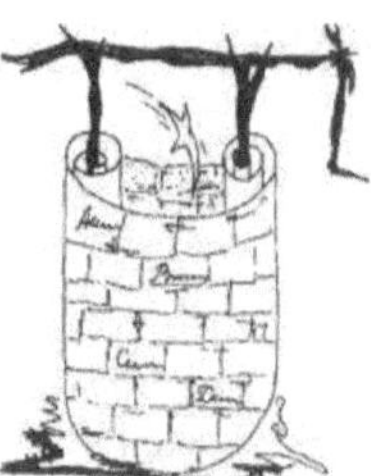

În creaţie adevăratul sens al cuvintelor, încărcătura lor, e ascunsă şi stă nu în faţa, ci în spatele zidului de cuvinte.

A PERSON'S LIFE – A WEEK

People say that a person's life is like a week with its days…

Let's add to the significance of each day symbols which would correspond to the person's age and to his or her state of mind. For each day and age we will choose a colored candle, a flower, a bird, a tree, a human body part. After that we will decipher the bitter-sweet poem of a person's ages:

Monday –birth, the white candle, the snowdrop, the cock, the cherry tree, the hands…

Tuesday –childhood, the pink candle, the violet, the swallow, the plum tree, the eyes…

Wednesday –adolescence, the blue candle, the violets, the skylark, the peach tree, the legs…

Thursday –youth, the red candle, the rose, the nightingale, the linden tree, the nose (the odor)…

Friday –maturity, the yellow candle, the carnation, the eagle, the walnut tree, the mouth…

Saturday –old age, the grey candle, the chrysanthemum, the owl, the oak tree, the ears…

Sunday – the wedding… from *Miorița*[28] (the death)…

N.B.!

1. Above we proposed a model only. You can change the place of any symbol (explaining your choice) that should be somewhere else.
2. After that comment on the whole "picture" of the eternal week.

---

[28] Miorița *(The Little Ewe) is an old Romanian pastoral ballad about three shepherds (a Moldavian, a Transylvanian and a Vrâncean) who meet. The little ewe tells its Moldavian master that the other two want to kill him and steal his flock The shepherd tells the little ewe that he would like to be buried near the sheep's pen . To his mother the little ewe should say that he married a princess and the whole nature assisted at their wedding, but in the end a star has fallen.*

VIAŢA OMULUI – O SĂPTĂMÂNĂ

În popor se spune că viaţa omului e ca săptămâna cu zilele ei...

Să adăugăm la semnificaţiile fiecărei zile simboluri care ar corespunde vârstei omului şi stării lui sufleteşti. Pentru fiecare zi şi vârstă vom alege câte o lumânare colorată, o floare, o pasăre, un arbore, o parte a corpului omenesc. Mai apoi vom descifra poezia dulce-amară a vârstelor omului.

Luni – naşterea, lumânarea albă, ghiocelul, cocoşul, cireşul, mâinile...

Marţi – copilăria, lumânarea roză, vioreaua, rândunica, prunul, ochii...

Miercuri – adolescenţa, lumânarea albastră, toporaşii, ciocârlia, piersicul, picioarele...

Joi – tinereţea, lumânarea roşie, trandafirul, privighetoarea, teiul, nasul (mirosul)...

Vineri – maturitatea, lumânarea galbenă, garoafa, vulturul, nucul, gura...

Sâmbătă – bătrâneţea, lumânarea gri, crizantema, bufniţa, stejarul, urechile...

Duminica – nunta... din *Mioriţa* (moartea)...

N.B.!

1. Mai sus a fost propusă o variantă. Puteţi însă schimba locul (argumentând) unor simboluri care ar fi altfel plasate.
2. Comentaţi apoi întreg "tabloul" eternei săptămâni.

ARGUMENT FOR THE POEM OF LATIN LETTERS

The letters of the book *The Word*, made up of fundamental symbols, carry in them the essential energy, left upon each element on this planet. These letter-poems convince us that in a well known space (such as the graphic images of the Latin letters) miracles can still be performed, new discoveries can be made, for time unravels thoughts, images and hidden melodies. They also express the necessity to come out of habitual boredom.

Assembled together in the form of Latin letters, these symbols have a natural dialogue (communication, interchange of ideas). Hence, the Sun communicates with the trunk, branch, grass, cloud, man, book, *etc*. Even if they are not assembled in this way, symbols and, respectively, their energies are in contact with each other, because they are elements of the same universe. As letters, they settled down in the author's mind and soul, as elements of nature, they meet a thousand times and do not inquire us when and how to communicate. Therefore, the fact that these encounters happen, cosmic accidents, does not depend on the author.

In these letter-poems there is no information to convene (such information can be found in encyclopedias, on the Internet, *etc*.), but energies, for energies are prolific (lucrative, profitable), they move the thought in our grey matter and give us wings; they call us and embark us on a quest.

These letters challenge words in a miraculous way so that they do not keep silent: words need to say, sing, intone, call, wait, *etc*.

Considered carefully, these letter-poems become channels of communication with the near or distant universe and "dictate" poems (usually in prose) never written before.

The letter-poems know about the lapse of time and pursue insistently the dimension of space, with the infinite around us and in us. The energy of nature, of human beings, of the space where we live, of colors, of the universe unfolds itself in these letter-poems. In the framework of these letters one can find steps everywhere, light, movement, hopes, the rising of words, poems and melodies which await to be put into colors or on paper.

ARGUMENT PENTRU POEZIA LITERELOR LATINE

Literele cărţii "Cuvântul", alcătuite din simboluri fundamentale, poartă în ele energia primordială, lăsată fiecărui element de pe terra. Aceste litere-poeme ne conving că într-un spaţiu cunoscut (cum e cazul imaginilor grafice ale literelor latine) se mai pot produce miracole, se pot face noi descoperiri, căci timpul scoate la suprafaţă gânduri, imagini şi melodii ascunse. Ele exprimă şi necesitatea de a ieşi din plictisul obişnuinţei.

Adunate în forma literelor latine, aceste simboluri au o comunicare firească. Astfel, soarele comunică cu tulpina, iarba, norul, casa, omul, cartea *etc*. Chiar fără a fi aşezate astfel, simbolurile şi, respectiv, energiile comunică între ele, pentru că sunt elemente ale aceluiaşi univers. Ca litere ele s-au aşezat în cugetul şi sufletul autorului, ca elemente ale naturii ele fac alte mii de feluri de întâlniri şi nu ne întreabă când şi cum să comunice. Deci, faptul că se produc aceste întâlniri, accidente cosmice, nu depinde de autor.

În literele-poeme nu sunt adunate informaţii (informaţiile pot fi găsite în enciclopedii, pe Internet *etc*.), ci energii, iar energiile sunt lucrătoare, adică mişcă gândul în materia omului şi-i dau aripi, îl cheamă, îl pornesc într-o căutare.

Aceste litere provoacă în chip miraculos cuvintele să nu tacă: să spună, să cânte, să intoneze, să cheme, să aştepte etc.

Privite mai atent, literele-poeme devin canale de comunicare cu universul apropiat sau îndepărtat şi ne "dictează" poezii (de obicei în proză) care n-au fost scrise până acum.

Literele-poeme cunosc curgerea timpului şi urmăresc insistent dimensiunea spaţiului, cu infinitul din jur şi din noi. În ele lucrează energia naturii, a firii, a spaţiului în care trăieşti, a culorilor, a universului. În spaţiul acestor litere veţi găsi peste tot trepte, lumină, mişcare, speranţe, răsăritul de cuvinte, poeme şi melodii pe care e bine să le îmbraci în culori sau să le aşezi cu pixul pe foaie.

Frumuseţea este şi un Accident Fericit, deci şi literele acestui alfabet neobişnuit sunt accidente fericite, întâmplări din

Beauty is also a Happy Accident; hence the letters of this unusual alphabet are happy accidents, happenings from which derive a word, a name. Such is the encounter of our parents, our encounter in the end, a happy moment.

There are symbols whose encounter, here and there, does not want to yield to reason, and yet this "accident" made them meet – in a letter, in a word.

Symbols concentrated in letters do not have a color, thus, they stopped thoughts themselves, in their own house. Help these letters pass their thoughts across. Take them by hand and show them how beautiful and large is your soul, how big is the world, what mysteries and exquisite things you see around you.

Providing colors for these letters is your way of giving them a new life, of giving shape to their thought, mood, feelings... That's exactly what Nichita Stănescu[29] was writing about:

I was teaching my words to love,
I was showing them my heart
And I would not yield
Unless their syllables
Were beating again

Ion Găină

---

[29] Nichita Stănescu (1933-1983), Romania poet and essayist, was nominated for the Nobel Prize. His works include: *The Unwords (Necuvintele)*, *Imperfect Works (Opere imperfecte), Knots and Marks (Noduri şi semne).*

care se compune un cuvânt, un nume. Tot aşa cum este o clipă fericită întâlnirea părinţilor noştri, a noastră, în fine.

Sunt simboluri întâlnirea cărora, pe alocuri, parcă nu ar vrea să supună logicii, dar pe care, iată, le-a unit acest "accident" – de a se întâlni într-o literă, într-un cuvânt.

Simbolurile adunate în litere nu au culoare, astfel, ele au oprit gândurile în sine, în casa lor. Ajută-le să le scoată în afară. Ia-le de mână şi arată-le cât e de frumos şi larg sufletul tău, cât de mare e lumea, ce taine şi frumuseţi întâlneşti peste tot.

A îmbrăca aceste litere în culori e dorinţa ta de a le da o viaţă nouă, a le profila gândul, dispoziţia, sentimentele... Or, tocmai despre aceasta scrie Nichita Stănescu:

Îmi învăţam cuvintele să iubească,
Le arătam inima
Şi nu mă lăsam până
Când silabele lor
Nu începeau să bată.

Ion Găină

OPEN DOORS FOR ALL SPACES

Young creator,

In these pages open doors were left for all the spaces. We opened the windows of imagination and artistic thought. You have the whole space between sky and earth and even beyond.

I urge you to search carefully for the colors of your own cosmos, and its music, and then choose the right words so that in the end you may understand how well you have "acquired" the new *ABC of Creation*. I would like this book to become a *Guide* for the *Word* books which you alone will write.

I must confess that the short texts which accompany the graphical poems are rather exercises in provocation, nothing more than beginnings, whose titles could start with "Maybe it is…, or maybe it is…" They, the texts, will take you along the road of discoveries and rediscoveries.

The suspension points become, in most cases, question marks and wait for an answer or a continuation of the thought.

Choose images and exercises of creation which correspond to the affective state you're experiencing at that particular moment, and cover it with your soul and your mind as much as you can. Keep with you at all time the idea, the image, until little stars start to rise from it.

The themes are proposed for discussion. You can intervene, sustain, reject and argue. You can take just the idea in order to express it into an accessible thematic form; you can take the theme, giving to it whatever coloratura of ideas you wish to.

The provocation-exercises offer you enough space for daring interventions, including confrontation with the formula presented in the book.

The artistic types and categories, namely the key in which you will carry out the creation themes, you can choose on your own or together with your teacher.

The end of the *Word* lesson or one of its sections should contain a moment called the *Discovery* (or the *Rediscovery*), a moment prepared by the entire class (by a pupil or a group of

UŞI DESCHISE PENTRU TOATE SPAŢIILE

Tinere creator,

Au rămas în pagini uşi deschise pentru toate spaţiile. Am deschis ferestrele imaginaţiei şi ale gândirii artistice. Ai tot spaţiul dintre cer şi pământ chiar şi mai departe.

Te îndemn să cercetezi atent culorile propriului cosmos, muzica lui, şi apoi să alegi cuvintele potrivite ca, în fine, să înţelegi cât de bine ai "însuşit" noul *Abecedar al Creaţiei.* Mi-aş dori ca această carte să devină un *Ghid* pentru cărţile de *Cuvânt* ce urmează să le scrii chiar tu.

Trebuie să recunosc că micile texte ce însoţesc poemele grafice sunt mai curând nişte exerciţii-provocări, nişte porniri, denumirea cărora ar începe cu "Poate e..., dar poate e...". Ele, textele, vă vor duce pe drumul descoperirilor şi redescoperirilor.

Punctele de suspensie devin, de cele mai multe ori, semne de întrebare şi aşteaptă un răspuns sau o continuare a gândului început.

Alege imagini şi exerciţii de creaţie care ar corespunde stării afective ce o trăieşti la momentul dat, cuprinde cu sufletul şi cugetul atât cât poţi cuprinde. Poartă cu tine ideea, imaginea, până din ea vor începe a răsări pui de stea.

Temele sunt propuse pentru discuţie. Poţi interveni, susţine, nega argumentând, poţi lua doar ideea pentru a o realiza într-o formulă tematică accesibilă, poţi lua tema, dând coloratura de idei ce o doreşti.

Exerciţiile-provocări îţi oferă destul spaţiu pentru intervenţii îndrăzneţe, inclusiv confruntarea cu formula prezentată în carte.

Genurile şi speciile artistice, adică cheia în care vei realiza temele de creaţie, le vei alege singur sau împreună cu profesorul.

Finalul lecţiei *Cuvântul* sau una din clipele ei trebuie să conţină momentul numit *Descoperirea* (sau *Redescoperirea*), moment pregătit de întreaga clasă (de un elev sau de un grup de elevi). Dar această clipă trebuie să fie deosebită, inedită şi unică. Dacă lecţia va conţine acest "punct culminant" ea, în mare parte,

pupils). But this moment should be remarkable, original and unique. If the lesson contains this “culminating point”, it will achieve, as a whole, its purpose. It would be satisfying if this moment constitutes the beginning of a permanent self-discovery and a discovery of people.

Open this book in the morning, in order to know where to start your search for new subjects, images.

Open it in the afternoon, so that during your break you can come back to formulas you’ve already discovered, in whose space many explosions of words could still be produced.

Open it in the evening in order to prolong the mystery of rediscovery of so many things which you have to know and of so many spaces in which you would like to enter.

This work is intended for you, young creator. I recommend it to teachers who can add their page to this creation guide, which combines essential themes, beginning-images and fragments of artistic thoughts. Together you could give birth to some themes and ideas which could only be copied from the profound book of your personal experience and knowledge.

I would like this *Creation Guide* to cover more oases of light and joy, but now, at the beginning of the century, the problems which appear are too many and too difficult, and that is why the book resembles more a tormented thinker trying to discover the essence of things.

The Word is a book from which I dreamed I might be able to learn, a book from which you may learn how to read the *Alphabet of Inspiration*.

With all my love to those the Word fills with passion,

Ion Găină.

îşi va atinge scopul. Ar fi bine ca această clipă să constituie începutul unei permanente descoperiri de sine şi de oameni.

Deschide această carte dimineaţa, ca să ai de unde porni întru căutarea noilor subiecte, imagini.

Deschide-o la amiază, ca în clipele de răgaz să poţi reveni la formulele deja descoperite, în spaţiul cărora se mai pot produce multe explozii de cuvinte.

Deschide-o seara, ca să poţi prelungi taina redescoperirii atâtor lucruri ce ai a le cunoaşte şi atâtor spaţii în care ai a intra.

Lucrarea îţi e adresată ţie, tinere creator. O propun şi dascălilor care pot adăuga şi fila lor la acest ghid de creaţie, ce înmănunchează teme esenţiale, imagini-porniri şi frânturi de gândire artistică. Împreună aţi putea da naştere unor teme şi idei posibil a fi copiate doar din cartea adâncă a propriilor trăiri şi cunoştinţe.

Mi-aş fi dorit ca acest *Ghid* de creaţie să cuprindă mai multe oaze de lumină şi bucurie, dar acum, la început de secol, prea multe şi grele sunt problemele ce reapar, de aceea cartea seamănă mai mult cu un gânditor ce se căzneşte a afla esenţa lucrurilor.

Cuvântul este o carte din care am visat să pot învăţa şi eu, o carte din care ai învăţa cum se poate citi *Alfabetul Inspiraţiei*.

Cu toată dragostea pentru cei împătimiţi de Cuvânt,

Ion Găină.

PORTRAING MOMENTS OF *THE WORD* CLASS

The Purification by Verse

The Purification by Song

The Moment of Dignity

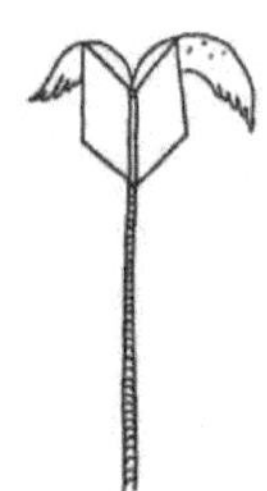
The Health of the Mind

The Calendar of the Moments that Hurt

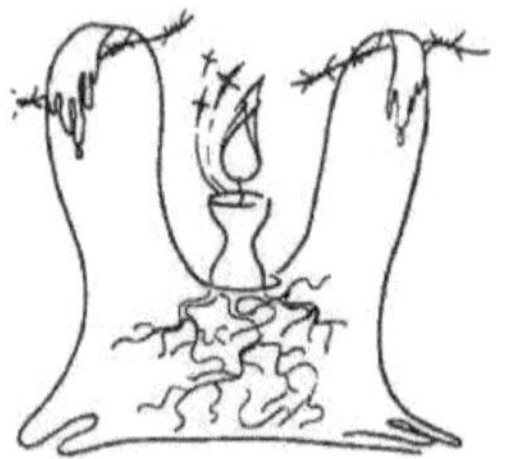
The Rehabilitation of Values

PORTRETUL UNOR CLIPE ALE LECŢIEI *CUVÂNTUL*

Purificarea prin vers

Purificarea prin cântec

Clipa Demnităţii

Sănătatea cugetului

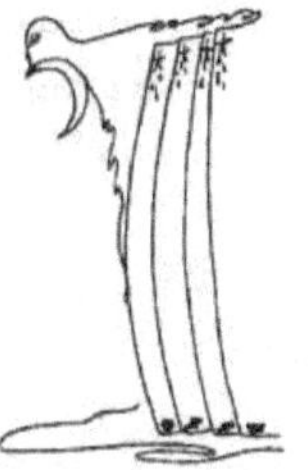

Calendarul clipelor ce dor

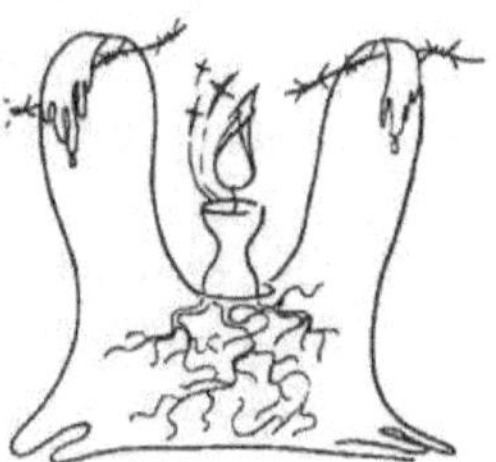

Reabilitarea valorilor

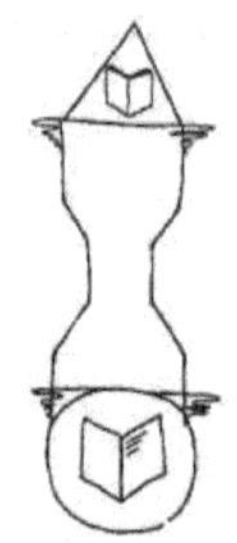

The Light of the Book

The Path of Words

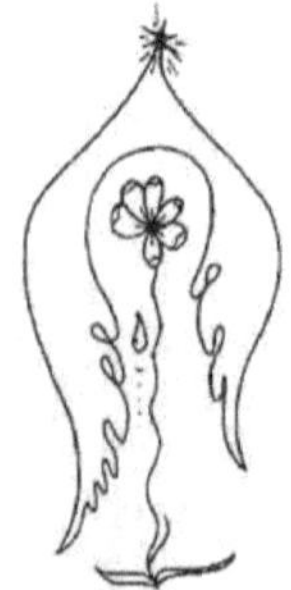

The Pollen of a Metaphor

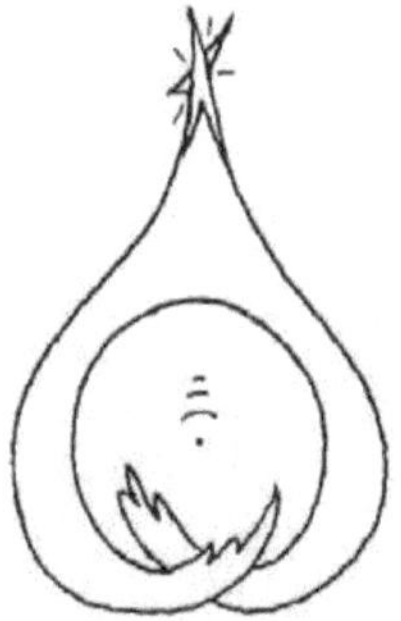

This image is "the note" – a moment with green, red, yellow, purple, blue… wings.

The graphical formulas above represent some moments of the *Word* lesson. These coats of arms, raised by the teacher, signify the necessity of passing to the next step (moment) of the lesson.

They can also be raised when the discovery or the rediscovery of some images, truths, states or new meanings *etc.* takes place.

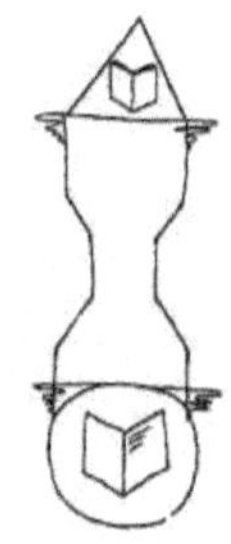

Lumina cărţii

Calea cuvintelor

Polenul metafortei

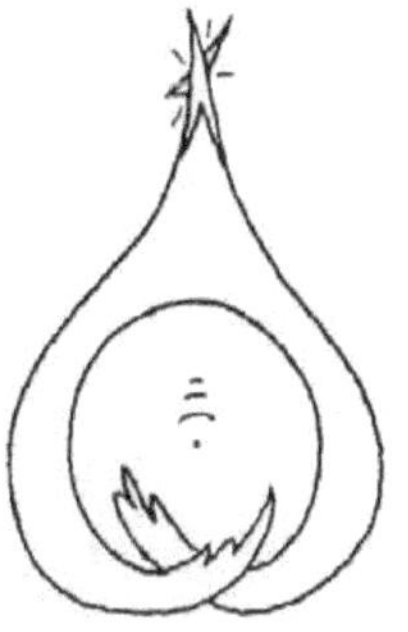

Această imagine e „nota" – o clipă cu atipi verzi, roşii, galbene violete, albastre...

Formulele grafice de mai sus reprezintă câteva clipe ale lecţiei de "Cuvânt". Aceste blazoane, ridicate de profesor, semnifică trecerea sau necesitatea trecerii la o altă etapă (clipă) a lecţiei.

Pot fi ridicate şi atunci când se face descoperirea sau redescoperirea unor imagini, adevăruri, stări sau sensuri noi *etc*.

NAMES AND COATS OF ARMS OF THE GROUPS WHICH ATTEND *THE WORD* CLASSES

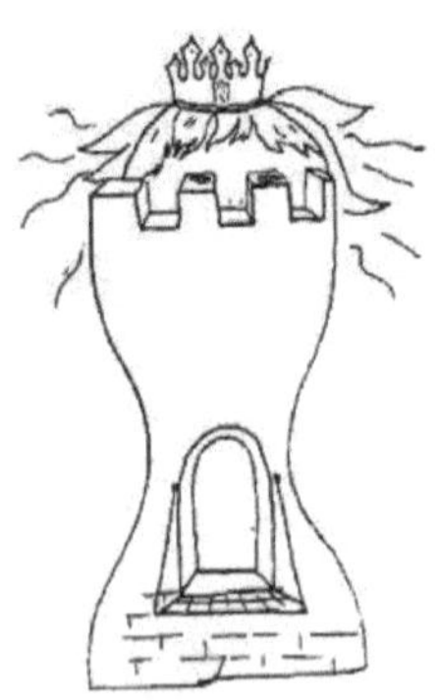

The Light Fortress

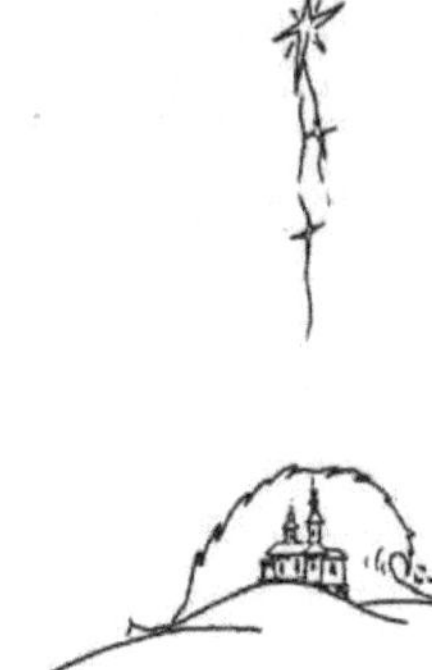

The Path of the Stars

The Small Buds of the Sun

The Nest of Light

DENUMIRI ŞI BLAZOANE ALE GRUPELOR CE FRECVENTEAZĂ ORELE *CUVÂNTUL.*

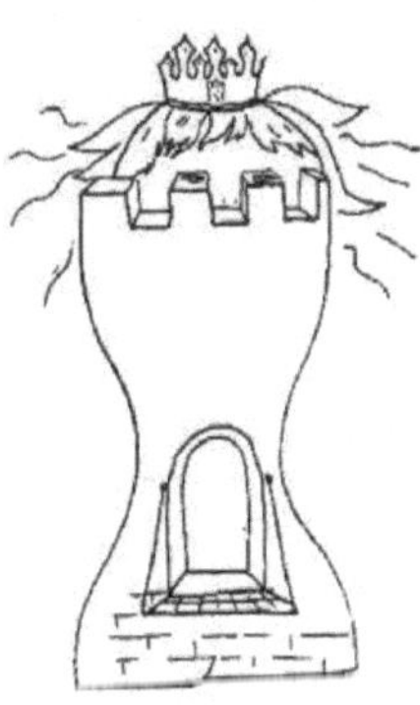

Cetatea Luminii

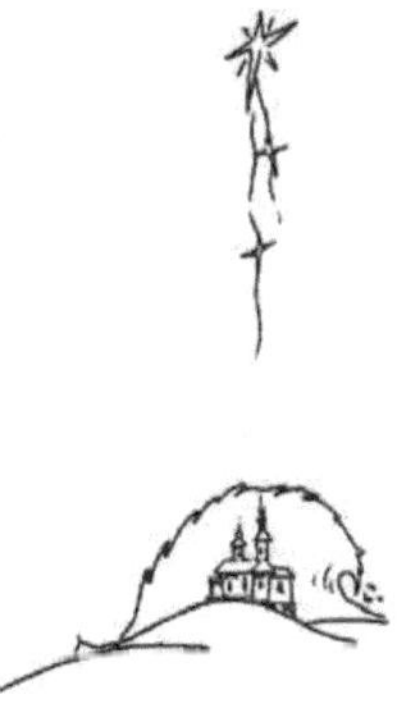

Poteca Stelelor

Muguraşii Soarelui

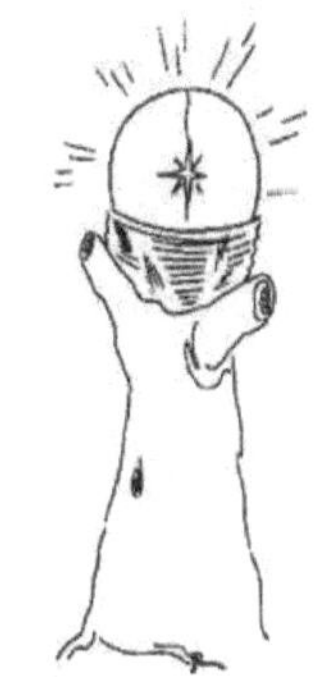

Cuibul de lumină

The Blue Pen

The Moment of the Rainbow

The Cathedral of the Words

The Well Sinkers

The Mirror of the Leaf

Condeiul Albastru

Clipa Curcubeului

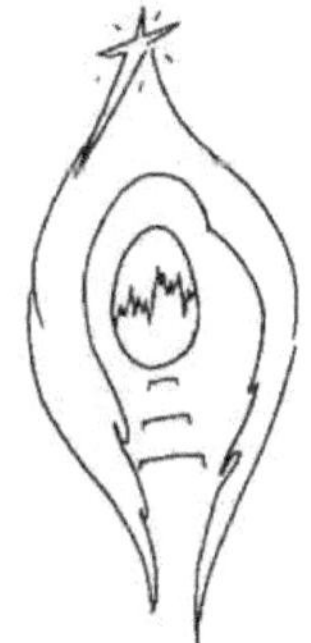
Catedrala Cuvintelor

Fântânarii

Oglinda Frunzei

NECESSARY READINGS

LECTURI NECESARE

OUR LANGUAGE
(by Alexei Mateevici)[30]

A treasure is our language that surges
From deep shadows of the past,
Chain of precious stones that scattered
All over our ancient land.

A burning flame is our language
Amidst a people waking
From a deathly sleep, no warning,
Like the brave man of the stories.

Our language is made of songs
From our soul's deepest desires,
Flash of lighting striking swiftly
Through dark clouds and blue horizons.

Our language is the language of bread
When the winds blow through the summer,
Uttered by our forefathers who
Blessed the country through their labour.

Our language is the greenest leaf
Of the everlasting forests,
Gentle river Nistru's ripples
Hiding starlight bright and shining.

Utter no more bitter cries now
That your language is too poor,
And you will see with what abundance
Flow the words of our precious country.

---

[30] *Our Language* (*Limba noastră*) by Alexei Mateevici is the national anthem of the Republic of Moldova since 1994. The music was composed by Alexandru Cristea.

LIMBA NOASTRĂ

(de Alexei Mateevici)

Limba noastră-i o comoară
În adâncuri înfundată
Un şirag de piatră rară
Pe moşie revărsată.

Limba noastră-i foc ce arde
Într-un neam, ce fără veste
S-a trezit din somn de moarte
Ca viteazul din poveste.

Limba noastră-i numai cântec,
Doina dorurilor noastre,
Roi de fulgere, ce spintec
Nouri negri, zări albastre.

Limba noastră-i graiul pâinii,
Când de vânt se mişcă vara;
In rostirea ei bătrânii
Cu sudori sfinţit-au ţara.

Limba noastră-i frunză verde,
Zbuciumul din codrii veşnici,
Nistrul lin, ce-n valuri pierde
Ai luceferilor sfeşnici.

Nu veţi plânge-atunci amarnic,
Că vi-i limba prea săracă,
Şi-ţi vedea, cât îi de darnic
Graiul ţării noastre dragă.

Limba noastră-i vechi izvoade.
Povestiri din alte vremuri;
Şi citindu-le -nşirate,
Te-nfiori adânc şi tremuri.

Our language is full of legends,
Stories from the days of old.
Reading one and then another
Makes one shudder, tremble and moan.

Our language is singled out
To lift praises up to heaven,
Uttering with constant fervour
Truths that never cease to beckon.

Our language is more than holy,
Words of homilies of old
Wept and sung perpetually
In the homesteads of our folks.

Resurrect now this our language,
Rusted through the years that have passed,
Wipe off filth and mould that gathered
When forgotten through our land.

Gather now the sparkling stone,
Catching bright light from the sun.
You will see the endless flooding
Of new words that overflow.

A treasure will spring up swiftly
From deep shadows of the past,
Chain of precious stones that scattered
All over our ancient land.

Limba noastră îi aleasă
Să ridice slavă-n ceruri,
Să ne spuie-n hram şi-acasă
Veşnicele adevăruri.

Limba noastră-i limbă sfântă,
Limba vechilor cazanii,
Care-o plâng şi care-o cântă
Pe la vatra lor ţăranii.

Înviaţi-vă dar graiul,
Ruginit de multă vreme,
Stergeţi slinul, mucegaiul
Al uitării-n care geme.

Strângeţi piatra lucitoare
Ce din soare se aprinde
Şi-ţi avea în revărsare
Un potop nou de cuvinte.

Răsări-va o comoară
În adâncuri înfundată,
Un şirag de piatră rară
Pe moşie revărsată.

LEARN FROM EVERYTHING

(by Rudyard Kipling) [31]

Learn from the water to keep a steady way
Learn from the flames that everything comes to ashes
Learn from the shadow to watch and to pass by
Learn from the rock to hold a steadfast faith
Learn from the sun how to go down
Learn from the stone how much you have to say
Learn from the wind which breathes gently in the ways
How to pass quietly through the world.
Learn from everything, for everything's your sister,
To go through life in beauty and in beauty to pass away.
Learn from time that no-one is forgotten
Learn from the water lily to be forever clean
Learn from the flames what we have to burn within us
Learn from waters not to retreat
Learn from the shadow to be humble
Learn from the cliff to endure the heavy storm
Learn from the sun to know the weather
Learn from the stars that there are many armies in the sky!
Learn from the cricket to sing when you are all alone,
Learn from the moon not to be afraid
Learn from the eagle, when you take something on your shoulders,
And then go to the ant to see it bear its burden!
Learn from the flower to be affectionate
Learn from the lamb the art of gentleness
Learn from birds to fly unceasingly
Learn from everything that everything's ephemeral!

Mark my words, child of sacrifice, when you go through this world
Learn from everything that perishes, how to live forever!

[31] Translated by Olga Amarie and Rosemary Lloyd

ÎNVAŢĂ DE LA TOATE
(de Rudyard Kipling)

Învaţă de la apă să ai statornic drum
Învaţă de la flăcări că toate-s numai scrum
Învaţă de la umbră să treci şi să veghezi
Învaţă de la stâncă cum neclintit să crezi!
Învaţă de la soare cum trebuie s-apui
Învaţă de la piatră cât trebuie să spui
Învaţă de la vântul ce-adie pe poteci
Cum trebuie prin lume de liniştit să treci.
Învaţă de la toate, căci toate-ţi sunt surori
Cum treci frumos prin viaţă, cum poţi frumos să mori.
Învaţă de la vierme că nimeni nu-i uitat
Învaţă de la nufăr să fii mereu curat
Învaţă de la flăcări ce-avem de ars în noi
Învaţă de la ape să nu dai înapoi
Învaţă de la umbră să fii smerit ca ea
Învaţă de la stâncă să-nduri furtuna grea
Învaţă de la soare ca vremea să-ţi cunoşti
Învaţă de la stele că-n cer sunt multe oşti!
Învaţă de la greier, când singur eşti, să cânţi,
Învaţă de la lună să nu te înspăimânţi
Învaţă de la vultur, când umerii ţi-s grei
Şi du-te la furnică să vezi povara ei!
Învaţă de la floare să fii gingaş ca ea
Învaţă de la miel să ai blândeţea sa
Învaţă de la păsări să fii mereu în zbor
Învaţă de la toate că totu-i trecător!

Ia seama, fiu al jertfei, prin lumea-n care treci
Să-nveţi din tot ce piere, cum să trăieşti în veci!

IF...

(by Rudyard Kipling) [32]

If you can keep your head when all about you
Are losing theirs and blaming it on you,
If you can trust yourself when all men doubt you
But make allowance for their doubting too,
If you can wait and not be tired by waiting,
Or being lied about, don't deal in lies,
Or being hated, don't give way to hating,
And yet don't look too good, nor talk too wise:

If you can dream--and not make dreams your master,
If you can think--and not make thoughts your aim;
If you can meet with Triumph and Disaster
And treat those two impostors just the same;
If you can bear to hear the truth you've spoken
Twisted by knaves to make a trap for fools,
Or watch the things you gave your life to, broken,
And stoop and build 'em up with worn-out tools:

If you can make one heap of all your winnings
And risk it all on one turn of pitch-and-toss,
And lose, and start again at your beginnings
And never breath a word about your loss;
If you can force your heart and nerve and sinew
To serve your turn long after they are gone,
And so hold on when there is nothing in you
Except the Will which says to them: "Hold on!"

If you can talk with crowds and keep your virtue,
Or walk with kings--nor lose the common touch,
If neither foes nor loving friends can hurt you;
If all men count with you, but none too much,
If you can fill the unforgiving minute

---

[32] Kipling, Rudyard. *The Complete Verse*. London. Kyle Cathie: 2006

DACĂ...
(de Rudyard Kipling)

Dacă-ţi rămâne mintea când cei din jur şi-o pierd
şi, fiindc-o ai, te-apasă sub vorbe care dor;
dacă mai crezi în tine când alţii nu mai cred
şi-i ierţi şi nu te superi de îndoiala lor:
dacă de aşteptare nu osteneşti nicicând,
nici de minciună goală nu-ţi clatini gândul drept;
dacă, izbit de ură, nu te răzbuni urlând
şi totuşi nu-ţi pui mască de sfânt sau de-nţelept;

dacă visezi, dar visul stăpân de nu ţi-l faci
sau gândul, deşi judeci, de nu ţi-e unic ţel;
dacă,-ncercând triumful sau prăbuşirea taci
şi poţi, prin amândouă trecând, să fii la fel;
dacă înduri să afli cinstitul tău cuvânt
răstălmăcit, naivii să-i ducă în ispită;
sau truda vieţii tale, înspulberată-n vânt,
de poate iar s-o-nalţe unealta-ţi prea tocită;

dacă poţi strânge toate câştigurile tale
ca să le joci pe-o carte şi să le pierzi aşa
şi iarăşi de la capăt să-ncepi aceeaşi cale,
fără să spui o vorbă de neizbânda ta;
dacă poţi gândul, nervii şi inima, să-i pui
să te slujească încă, peste puterea lor,
deşi în trupul firav o altă forţă nu-i
-afară de voinţă ce le impune: "spor";

dacă te vrea mulţimea, deşi n-ai linguşit
sau lângă rege umbli ca lâng-un oarecare;
dacă de răi sau prieteni nu poţi să fii rănit;
dacă nu numai unul, ci toţi îţi dau crezare;
dacă ajungi să umpli minutul trecător
cu şaizeci de clipe de veşnicii, mereu,
vei fi pe-ntreg PĂMÂNTUL deplin stăpânitor

With sixty seconds' worth of distance run,
Yours is the Earth and everything that's in it,
And--which is more—you'll be a Man, my son!

şi, mai presus de toate, un Om – copilul meu.

ANTI-IF
(by Kostas Varnalis)[33]

If you can play the fool when someone flies at you,
Aping the sage, reproving him with not a single word;
if you trust nobody and nobody trusts you;
if you forgive your own sins, never those you have incurred;

if in performing evil you are never late,
if you lie more than others wearing deception's taint;
if when love's offered you respond with hate,
and still you wear that mask of sage and saint;

if like the worms you crawl, never soaring in your dreams
and all you value's the interest you can gain;
if you abandon losers, turning to the winning streams
and you can boldly charge the same to sell both strains;

if you can bear to see the words you write unfurled
as truth, a banner to deceive the purblind throng
And when your words and deeds fly over all the world,
you send them to the devil and begin again your song;

if you can always reap what others sow
and sell your country while the rest stay true;
if you are constant in not paying what you owe
but when you are repaid, you take it as your due;

if you can wear out thought and heart and nerve,
grow old in evil things, yet still those sins repeat,
while others blindly follow those they serve,
when all cry: "forward!" only you retreat;

if, deep within in the crowd, you blow your horn,
but in the strong man's presence bend your knee
if you treat enemies and friends with equal scorn

[33] Translated by Olga Amarie and Rosemary Lloyd

ANTI-DACĂ
(de Kostas Varnalis)

De poţi să faci pe prostul când altul te repede –
făcând-o pe deşteptul şi c-un cuvânt nu-l cerţi;
de nu te-ncrezi în nimeni şi nimeni nu te crede;
de-ţi poţi ierta păcatul, dar altora nu-l ierţi:

de nu amâni o clipă un rău să-l împlineşti
şi dacă minţi mai tare când alţii nu spun drept;
de-ţi place în iubire cu ură să izbeşti
şi totuşi îţi pui mască de sfânt şi de-nţelept;

de te târăşti ca viermii şi-n visuri nu-ţi iei zborul
şi numai interesul îl sui la rang de ţel;
de părăseşti învinsul şi treci cu-nvingătorul
şi-i vinzi, fără sfială, pe amândoi la fel;

de rabzi să-ţi afli scrisul şi spusa, tălmăcite
drept adevăr, să-nşele mulţimea oarbă, şi
când vorbele şi fapta în vânt ţi-s risipite,
tu, dându-le la dracu, poţi altele scorni:

de poţi să faci într-una un câştig, o mie
şi patria pe-o carte s-o vinzi la primul semn;
de nu-ţi plăteşti bănuţul luat ca datorie,
dar tu să fii plătitul găseşti că-i drept şi demn;

de poţi să-ţi storci şi gândul şi inima şi nervii,
îmbătrânite-n rele, să facă rele noi
şi sub nehotărâte plecându-te ca servii,
când toţi strigă: 'nainte! Doar tu să strigi: 'napoi!;

dacă, stând în mulţime te-mpăunezi semeţ,
dar lângă cel puternic îngenunchezi slugarnic
şi pe duşmani sau prieteni, tratându-i cu dispreţ,
te faci că ţii la dânşii,dar îi înşeli amarnic!

pretending to support them, but betraying them cruelly!

If you waste not a moment to do evil everywhere,
As calm beneath its shadow as behind a fan,
then you will be the EARTH and take its share;
the First of Gentlemen, but never once a MAN!

Dacă nu pierzi momentul să faci oriunde-un rău
şi-n umbra lui te-nlinişti ca-n umbra unui pom,
al tău va fi PĂMÂNTUL cu tot prinosul său;
vei fi-ntre Domni, Întâiul, dar niciodată OM!

ONLY THE BODY

(by Sergiu Grossu)[34]

Only the body suffers under locks
And stays with chains on its legs,
For the spirit, ***forgetting what it means to walk***,
Traverses in a rush the universe
And the spirit is free ***to fly***.

Only the hands in handcuffs, thin,
Can still carry the broken spears,
For the spirit, ***enemy of the earth***,
Wears the arms of the light
And the spirit is free ***to fight***.

Only the lips rolled up hideously
Can not croon a single song,
For the spirit is ***melody***
Enthusiasm, creed and joy
And the spirit is free ***to sing***.

Only the meat is switch bruises
It does not feel the rosette of love,
For the spirit, ***the master of nature***,
Is subdued to the laws of love
And the spirit is free ***to burn***…

[34] Translated by Olga Amarie and Rosemary Lloyd

DOAR TRUPUL
(de Sergiu Grossu)

Doar trupul suferă zăvoare
Şi stă cu lanţuri la picioare,
Căci spiritul, uitând ce-i mersul,
Străbate-n iureş universul
Şi-i liber spiritul să zboare.

Doar mâinile-n cătuşe, supte,
Mai poartă lănciile rupte,
Căci spiritul, vrăjmaş, al tinii,
Îmbracă armele luminii
Şi-i liber spiritul să lupte.

Doar buzele hidos răsfrânte
Nu pot un cântec să frământe,
Căci spiritul e melodie
Şi-avânt şi crez şi bucurie
Şi-i liber spiritul să cânte.

Doar carnea-n vânătăi de joardă
Nu simte-a dragostei cocardă,
Căci spiritul, stăpânul firii,
Supus e legilor iubirii
Şi-i liber spiritul să ardă...

Zeitfracht Medien GmbH
Ferdinand-Jühlke-Straße 7
99095 Erfurt, Deutschland
produktsicherheit@kolibri360.de